우리 생활사

웅진 주니어

그게뭔데 지식 탐험대 · 우리 생활사

초판 1쇄 발행 2020년 2월 26일

글 김은하 | 그림 전기훈 | 감수 최명림

발행인 이재진 | **도서개발실장** 조현경 | **편집장** 안경숙 | **편집** 윤정원, 안성훈 | **디자인** 임동기

마케팅 이현은, 정지운, 양윤석, 김미정 | **제작** 신홍섭

펴낸곳 (주)웅진씽크빅 | **주소** 경기도 파주시 회동길 20 (우)10881

주문전화 02)3670-1191, 031)956-7325, 7065 | **팩스** 031)949-0817 | **내용문의** 031)956-7403

홈페이지 wjbooks.co.kr/WJBooks/Junior | **블로그** wj_junior.blog.me

페이스북 facebook.com/wjbook | **트위터** @wjbooks | **인스타그램** @woongjin_junior

출판신고 1980년 3월 29일 제406-2007-00046호 | **제조국** 대한민국

글 ⓒ 김은하, 2020 | 그림 ⓒ 전기훈, 2020
저작권자와 맺은 특약에 따라 검인을 생략합니다.

ISBN 978-89-01-23779-4 · ISBN 978-89-01-23778-7(세트)
이 도서의 국립중앙도서관 출판예정도서목록(CIP)은 서지정보유통지원시스템(http://seoji.nl.go.kr)과
국가자료종합목록시스템(http://www.nl.go.kr/kolisnet)에서 이용하실 수 있습니다. (CIP: 2019043606)

잘못 만들어진 책은 바꾸어 드립니다.
⚠️주의 1. 책 모서리가 날카로워 다칠 수 있으니 사람을 향해 던지거나 떨어뜨리지 마십시오. 2. 보관 시 직사광선이나 습기 찬 곳은 피해 주십시오.

그게뭔데 지식 탐험대

우리 생활사

글 김은하   그림 전기훈

웅진주니어

그게몬데 별에서 지구로!

으아아! 우리 집 창문 어떡해!

너희는 내가 무섭지도 않냐?

응, 난 언젠가 외계인이 우리 집에 올 줄 알았어!

창문 망가트린 건 어떡할 거야, 이 녀석아!

고향 별에서 나를 찾으러 와 줄 때까지 잠시만 이 집에 머물게 해 줘.

창문을 깨트린 건 일을 해서 갚도록 하겠다!

무슨 일?

이래 봬도 내가 지구 역사에 대해 모르는 게 없다고. 뭐든지 물어봐! 다 설명해 줄게!

우아! 신난다!

차 례

쌀밥은 언제부터 먹기 시작했을까

듀듀,
숙제 좀 도와줘.

배가 너무 고파.
먹을 것 없어?

과자 줄까?
아님 초콜릿 먹을래?

아니,
그런 것 말고 지구인들이
먹는 거 있잖아……

우걱 우걱

우주 어디에도
없는 진정한 맛!

아직 치킨이랑
피자 맛을 모르나 보네.

그런데 사람들은
언제부터 쌀밥을
먹기 시작한 걸까?
넌 알지?

무, 물론이지!

아주 오랜 옛날,
아주아주 먼 옛날……

잘 모르는 것
같은데……

잠시 기억이
안 났을 뿐이라고! 내가 얼마나
똑똑한 외계인인데!

최초의 요리는 무엇이었을까?

아주 오랜 옛날, 사람들은 자연에 있는 식물의 열매, 잎, 뿌리 같은 것을
채집하거나 작은 벌레 등을 잡아먹고 살았어요. 그러다 차츰 나무나 돌로
도구를 만들면서 사냥과 고기잡이를 하게 되었지요.

처음에는 날것을 그냥 먹었지만 차츰 불을 다룰 줄 알게 되면서 음식을 익혀
먹게 되었어요. 그릇을 만들어 쓰기 전에는 음식을 직접 불 위에 올려놓고
구웠을 테니 인류 최초의 요리법은 구이인 셈이네요.

불에 구우면 고기는 연해지고, 조개는 익으면서 껍데기가 벌어져 먹기에 좋았어요.
음식을 익혀 먹으니 먹을 수 있는 가짓수가 많아지고, 소화가 잘돼서 영양 상태도 좋아졌습니다.

조개무지를 남긴 신석기 사람들

신석기 시대에도 야생 식물 채집과 사냥, 고기잡이는 여전히 중요했어요.
특히 고기잡이는 식량을 구하는 아주 중요한 수단이었고, 조개와 굴도 많이

먹었어요. 이때 먹고 버린 껍데기들이 쌓인 것을 조개무지라고 합니다. 조개무지에는 조개껍데기는 물론이고 각종 물고기의 뼈, 토기, 석기, 동물 뼈로 만든 연장 등이 함께 묻혀 있어서 당시 사람들의 생활을 연구하는 데 중요한 자료가 됩니다.

신석기 시대 후기에는 농사를 지어 피, 조, 기장 같은 곡류를 먹게 되었지요.

신석기 시대 사람들은 작살, 낚시, 그물 등을 이용해 물고기를 잡았어요.

그물이 물속에 쉽게 가라앉도록 그물 끝에 매다는 그물추

콩을 이용해 장을 담근 청동기 시대

청동기 시대에는 곡식의 종류가 늘어나 콩, 수수, 보리 등을 길러 먹었어요. 벼도 본격적으로 재배하게 되었고요. 곡류를 주식으로 하는 우리 식생활은 이때부터 비롯된 거지요. 부여의 영토였던 만주가 콩의 원산지여서 일찍부터 식생활에 콩을 이용했는데, 특히 콩을 이용한 장이 발달해서 우리 민족은 발효 식품을 잘 만드는 사람들로 알려졌답니다.

죽에서 떡으로, 떡에서 밥으로

청동기 시대에 벼농사와 함께 곡물이 주식이 되면서 조리 도구로 시루가
사용되었어요. 곡식 가루를 시루에 넣고 떡처럼 쪄서 먹었답니다. 그러다가
쌀이 주식으로 자리 잡으면서 솥을 사용하여 밥을 지어 먹게 되었어요.
우리나라의 대표적 조리 용구인 뚜껑 달린 무쇠솥은 삼국 시대 후기부터
사용한 거지요.

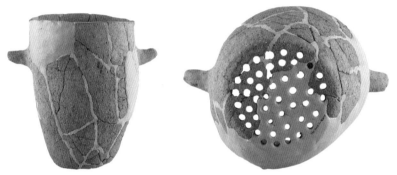

밑에 뚫린 구멍으로 뜨거운 수증기를 통과시켜 음식을 찌는 시루예요. 제대로 모양을 갖춘 시루는
벼농사가 본격적으로 발달하기 시작한 삼국 시대 이후 많이 나타나요.

가마솥의 누룽지는 삼국 시대부터

삼국 시대에는 농사 기술이 발달하여 쌀 생산이 크게 늘면서 쌀이 주식으로
자리 잡았어요. 하지만 쌀은 귀한 것으로 왕과 귀족들이 주로 먹었고, 일반
백성들은 잡곡으로 끼니를 해결하는 일이 많았습니다.
쌀밥이나 잡곡밥이 주식이 되면서 간도 맞추고 소화 흡수를 돕기 위해
반찬을 곁들여 먹기 시작했어요. 밥과 반찬으로 나뉘는 우리의 기본
상차림은 이때부터 자리 잡은 거지요.

이 밖에 물고기와 해초류도 즐겨 먹었어요. 배 만드는 기술이 발달하면서
바다 멀리까지 나가 고기잡이를 할 수 있었던 덕택이지요.

신라에서 만든 배 모양 토기예요.
삼면이 바다로 둘러싸인 나라답게
일찍부터 해산물을 식생활에
이용했던 거지요.

삼국 시대에 사용한 청동 솥이에요.
처음에 사용한 솥은 발이 세 개 달린
형태였다가 차츰 발 없는 것으로 바뀌었어요.

고기를 즐겨 먹었던 고구려 사람들

광활한 만주 벌판을 터전 삼아 살던 고구려에서는 수렵과 목축이
성행했어요. 농업 발달로 곡물을 주로 먹긴 했지만, 고구려인들은
여전히 육식을 즐겼답니다.
지금 우리가 즐겨 먹는
불고기는 고구려의 맥적에서
비롯되었다고도 해요. 맥적은
고기를 꼬챙이에 꿰어서 불에
직접 구운 음식이에요.
석쇠가 나온 다음에는
꼬챙이에 꿸 필요가 없어져서

고구려 사람들의 생활 모습을 볼 수 있는 안악 3호분 벽화.
부엌에서 부뚜막에 시루를 올려놓고 음식을 만들고 있어요.
고기를 저장하는 창고까지 두었음을 알 수 있어요.

지금의 불고기로 바뀌었다고 해요. 예전에는 고기를 넓고 얇게 자른
요리라는 뜻에서 '너비아니'라고도 했답니다.

채소 요리가 발달한 고려 시대

고려에서는 살생을 금하는 불교의 영향으로 육식이 쇠퇴하고 쌈, 국, 무침
등의 채소 요리가 발달했어요. 채소의 종류는 이전부터 먹던 가지, 상추,
무 등에 더하여 더덕, 오이, 파, 표고버섯 등이 늘면서 다양해졌습니다.
상추처럼 잎이 넓은 채소는 쌈을 싸 먹는 데 이용했어요. 또 콩은 가공해
두부를 만들어 먹거나 콩나물을 키워 먹었고요.
우리 식생활에서 국을 일상적으로 먹게 된 것도 고려 시대부터예요. 국을
끓일 때는 소금으로 간을 하고 된장, 파, 후추 등의 양념을 넣어 맛을
냈어요. 조개를 넣어 시원하게 끓인 조갯국이나 토란국도 먹고, 냉국도
만들어 먹었습니다.

고려의 유가공품

고려에서는 유락, 낙소 같은 유가공품도 만들었어요. 우유를 서구에서 전래된 것으로
생각하기 쉽지만, 우리도 삼국 시대에 이미 우유를 먹었답니다. 유락은 지금의 버터 같은
것이고, 낙소는 치즈 비슷한 거예요. 물론 상류층
일부에서 약용으로 먹은 귀한 음식이었지요. 고려
중기 이후에는 '우유소'라고 해서 소젖 짜는 일을
맡는 관청까지 두었답니다. 유가공품은 조선에서도
먹었어요. 우유 넣은 죽을 끓여 왕과 늙은
신하들에게 주었다는 기록이 있고, 소젖
짜는 모습을 그린 그림도 전해 오지요.

조선 시대 조영석이 그린 〈채유〉

차의 보급과 함께 발달한 청자

고려에서는 불교의 영향으로 차 마시는 풍습이 널리 퍼졌어요. 차를 처음 마시기 시작한 것은 삼국 시대였지만 본격적으로 퍼진 것은 고려 시대 들어와서였지요. 차를 좀 더 운치 있게 마시기 위해 아름다운 찻그릇을 만들었는데, 세계적으로 명성을 날린 청자는 바로 이 과정에서 발달한 거랍니다. 또 고려 시대에는 차와 함께 숭늉, 화채, 꿀물 등 다양한 음료수가 등장했습니다.

고려 시대 청자 다기

순대는 언제부터 먹기 시작했을까?

고려 말에는 불교가 쇠퇴하고, 육식을 즐겼던 원나라가 고려에 큰 영향을 끼치면서 다시 육식을 하는 사람들이 많아졌어요. 이 무렵 원나라에서 들어온 요리가 설렁탕, 순대, 쇠머리 요리 등이에요. 육식이 다시 시작되면서 요리 종류가 다양해지고 갖가지 조리법도 발달하기 시작했어요.

우리 식생활의 기본이 만들어진 조선 시대

식품의 저장과 조리, 상차림, 식사 예절 등 지금 우리에게 전해 오는 대부분의 식생활 전통은 조선 시대에 만들어진 것들이에요. 조선에서도 주식은 쌀밥이었어요. 논농사가 어려운 지역에서는 잡곡밥을 많이 먹었고요. 여기에 김치와 국을 비롯하여 몇 가지 반찬을 곁들여 먹은

거지요. 상을 차릴 때는 재료와 조리법이 중복되지 않도록 해서 영양과
맛의 균형을 맞췄습니다.

밥과 반찬으로 이루어진 일상적인 상차림을 반상이라고 해요.
반상은 반찬 가짓수에 따라 3첩 반상, 5첩 반상 등으로 나누었습니다.

후루룩 쩝쩝 소리 내면 안 돼

유교가 생활 전반을 지배했던 조선 시대에는 돌, 혼례, 제례 같은 의례가
중시되면서 각 의례의 성격에 따라 차리는 음식 종류와 방법 등을 달리하는
의례용 상차림이 발달했어요. 예법을 중시하는 것은 평소에 식사할 때에도
마찬가지였어요. 우선, 어른이 수저를 들기 전에는 어린 사람이 먼저
음식을 먹을 수 없었어요. 음식을 먹을 때 후루룩 쩝쩝 소리를 내서도 안
되고, 식사 중에 자리를 떠서도 안 되었어요. 그리고 식사를 하면서 즐겁게
이야기하는 것도 좋지만, 지나치게 말을 많이 하는 것은 금했습니다.

18세기에 그려진 〈회혼례첩〉 중 한 장면이에요. 사람들이 모여 잔치를 벌이고 있어요.
사람들이 저마다 상을 따로 하나씩 받았어요.

다양한 외래 작물이 들어온 조선 후기

조선 후기에는 일본을 통해 고추와 호박이 들어왔어요. 고추는 김치를
크게 변화시켰고, 장 담그기가 특기인 민족답게 고추를 이용해 고추장도
만들었지요. 이어서 고구마가 들어오고, 중국을 거쳐 감자도 들어왔어요.
이 작물들은 재배가 쉽고 가뭄이 들어도 잘 자랐기 때문에 먹을 것이
부족한 사람들에게 고마운 양식이 돼 주었지요. 흉년이 들었을 때는 구황
식품으로도 소중하게 쓰였답니다.

구황 식품

구황 식품이란 흉년이 들거나 먹을 게 없을 때 곡식 대신 먹던 것으로, 주로 자연에서 저절로 나는 것을 거두어 먹었어요. <세종실록>에 따르면 '구황 식품으로는 도토리가 으뜸이고 소나무 껍질이 그다음'이었다고 해요. 고구마 이외에도 메밀, 쑥, 칡뿌리 등이 구황 식품으로 쓰였어요.

개화기에 들어온 서양 음식들

개화기에는 서양 문물과 함께 빵, 과자, 홍차, 커피 같은 서양 음식이 들어왔어요. 스테이크와 같은 음식들은 상류층이나 맛볼 수 있는 것이었고, 서민층에서는 일본에서 들어온 단무지와 어묵이 크게 인기를 끌었어요. 또 서양에서 들어온 포도주와 위스키가 왕실과 양반들 사이에서 유행하였습니다.

옛날에도 솥과 냄비가 있었을까?

신석기 시대 처음 토기를 만들어 음식을 저장하고 조리한 이후, 생산물이 풍부해지고 종류도 많아지면서 식생활에 쓰는 도구들도 다양하게 변화, 발전해 왔어요.
밥을 지을 때는 무쇠솥을 사용했는데 무쇠솥의 묵직한 뚜껑이 수증기가 증발하는 것을 최대한 막고 압력을 높여 줘 차지고 맛있는 밥을 지을 수 있었어요. 음식을 끓이거나 데우는 데에는 초두를 사용했어요. 원래 중국에서 사용되던 청동 초두가 고조선 시대에 우리나라에 들어왔는데 삼국 시대 중기부터는 우리가 직접 만들어서 사용했지요.

고려 시대에는 다리가 없는 초두가 점차 많아지면서 재료도 무쇠, 청자 등으로 늘어났고, 조선 시대에는 주전자, 약탕관, 냄비 등 다양한 용도에 따라 알맞게 형태를 바꾸어 사용했답니다.

뜨거우니까 조심해!

우아아악!

국이나 찌개처럼 액체로 된 음식을 떠서
옮길 때에는 국자를 사용해요.
우리나라에서는 물기가 많은 음식을
주로 먹었기 때문에 국자는 가정마다
꼭 갖추고 있었답니다.

청동으로 만든 초두예요.
초두는 다리가 셋이고, 뜨거운
불 위에 올리고 내리기 좋도록
긴 손잡이가 달려 있어요.

곡식을 빻아 가루를 내는 맷돌

맷돌은 보통 맷돌다리 위에 걸쳐 놓고 사용했어요.
맷돌의 윗돌에 난 구멍으로 녹두, 팥, 콩 등을
넣으면서 손잡이를 돌리면 윗돌과 아랫돌이
부딪치는 힘으로 곡식이 갈리면서 두 돌 사이로
가루가 되어 흘러내려요. 이때 곡식 가루를 받을 수
있도록 맷돌다리 밑에 함지박을 받쳐 놓는답니다.

맷돌은 둥글넓적하고 단단하며 구멍이
숭숭 뚫려 있는 돌 두 개를 포개서
만들어요.

국수는 어떻게 만들까?

잔치 음식이나 별미 음식으로 만들어 먹었던 국수는 고려 시대부터 크게
발달했어요. 절에서 국수를 만들어 팔았고, 고려 음식 중에서도 국수가
으뜸이라고 평한 중국 사람의 기록도 보인답니다.

국수는 보통 밀가루로 만들지만 우리나라에서는 밀이 그다지 많이 나지
않기 때문에 메밀이나 녹말가루 등을 주로 사용했어요.

국수를 만들 때는 국수틀을 사용했어요. 국수틀은 통나무 두 개를 연결하고
아래쪽 통나무 중간에 분통을 끼워서
만들어요. 분통은 놋쇠나 무쇠에
구멍을 숭숭 뚫어서 만든 통이에요.
이 분통 위에 공이가 달려 있어서
공이를 누르면 분통 안의 반죽이
가늘게 뽑아져 나오는 거지요.

국수틀은 솥 위에 걸쳐 놓고
펄펄 끓는 물속으로 국수 면발이 곧장
떨어지게 했어요. 공이를 누를 때는 지렛대의
원리를 이용해 긴 틀의 끝을 힘주어 내리누른답니다.

설날에는 왜 떡국을 먹을까?

설날은 새해의 첫날, 묵은해의 모든 일을 잊어버리고 새롭게 한 해를 시작하는 날이에요. 떡국을 한 그릇 먹어야만 나이를 한 살 더 먹는다고 할 만큼, 떡국은 설날 상차림에서 없어서는 안 될 음식이지요. 설날에 왜 떡국을 먹는지 그 기원에 대해서 확실히 밝혀진 것은 없어요. 다만 설날을 만물이 새로 나는 신성하고 청결한 날로 생각해서 깨끗한 흰 떡으로 국을 끓여 먹게 되었으리라고 짐작하고 있답니다.

으라차차!

이야압!

멥쌀가루 찐 것을 떡메로 쳐서 차지게 만든 다음 손으로 둥글리면서 기다랗게 늘인 것을 가래떡이라고 해요. 이 가래떡을 얇게 썰어서 끓인 것이 떡국이지요.

송편의 별명은 달떡

추석은 설과 함께 지금까지 이어져 오는 큰 명절이에요. 추석은 음력으로 8월 15일, 추수가 끝나 마음도 여유롭고 먹거리도 풍성한 때지요. 그래서 우리 조상들은 추석날 조상들에게 풍년을 감사드리는 차례를 지내며 "더도 말고 덜도 말고 한가위만 같아라."라고 바랐습니다. 추석에 먹는 대표적인 음식은 송편이에요. 송편은 쌀가루를 뜨거운 물에 반죽하여 모양을 만들고, 그 안에 콩, 팥, 깨 등의 소를 넣은 떡이에요. 송편은 둥글게 달 모양으로 빚기도 하고, 반달 모양으로 만들기도 해요. 그래서 송편을 '달떡'이라고도 한답니다.

다 빚은 송편은 시루 안에 솔잎과
한 층씩 번갈아 가며 넣고 쪄요.

송편을 찔 때 왜 솔잎을 넣을까?

송편은 떡을 찔 때 솔잎을 넣고 찐다고 해서 붙은
이름이에요. 우리말로 하면 솔떡쯤 되겠지요.
솔잎은 차진 송편이 서로 들러붙지 않게 막아

줘요. 또 떡 표면에 적당한 무늬를 찍어 주기도 하고요. 떡에서 솔솔
풍기는 솔잎의 독특한 향내도 빼놓을 수 없지요.
무엇보다 솔잎을 넣고 찌면 떡이 쉽게 상하지 않아요. 식물들은 자기 몸을
보호하기 위해 피톤치드라는 살균 물질을 내뿜어요. 송편은 바로 솔잎에서
나오는 피톤치드를 이용해 오래 보관할 수 있도록 만든 거예요.

수리떡 먹는 단옷날

설날 떡국, 추석 송편처럼 특별한 떡을 해먹는
명절로 단오와 유두가 있어요. 단오는 음력으로
5월 5일, 일 년 중 기운이 가장 왕성한 날이에요.
본격적으로 여름이 시작되는 때이기도 하지요.
그래서 해마다 단오가 되면 임금님이 신하들에게
부채를 선물하는 풍습이 있었어요.
단옷날에는 둥글게 만든 쑥떡을 먹어요. 이
떡은 모양이 마치 수레바퀴처럼 생겼다고 해서
'수리떡'이라고 해요. 수레를 우리말로 수리라고
했거든요. 단옷날을 수릿날이라고도 하는데, 바로
이 수리떡을 먹는다고 해서 붙은 이름이랍니다.

단옷날에는 수리떡(위)과
제호탕(아래)을 만들어 먹었어요.
제호탕은 각종 한약재 가루를
꿀에 절였다가 찬물에 탄
것으로, 여름철 청량음료이자
보약이었습니다.

조선 시대 화가 신윤복이
그린 〈단오풍정도〉. 여자들은
단옷날이면 모처럼 밖으로
나와 그네를 뛰면서 맘껏
즐길 수 있었어요. 또 이날
'창포'라는 식물을 삶은 물에
머리를 감으면 머릿결이
고와진다고 믿었어요.

꿀물에 띄워 먹는 떡

유두는 오늘날 거의 잊힌 명절이에요. 음력 6월 15일, 한여름에 있는
유둣날에는 동쪽으로 흐르는 물에 머리를 감아 불길한 것을 씻어 버리는
풍습이 있었어요.

이날 먹는 떡을 '수단'이라고 하는데 특이하게도 물에 띄운 것이에요. 우선,
멥쌀가루를 쪄서 가래떡처럼 만들되 좀 더 가늘게 만들어요. 이것을 잘게
썰어 구슬처럼 만들어서 익힌 다음 꿀물에 타서 얼음을 채워 먹는답니다.
여름철에 시원하게 먹을 수 있는, 음료를 겸한 음식이지요.

절식과 시식

절식은 명절을 맞아 그 뜻을 새기면서 만들어 먹는 특별 음식이에요. 설날 떡국이나 추석날
송편 같은 것들을 말해요. 시식은 계절별 특산물을 가지고 음식을 만들어 먹는 풍속이에요.
예를 들면 여름에는 육개장, 칼국수, 겨울에는 신선로, 냉면, 식혜, 수정과 등을 먹는 거죠.
시식은 절식과는 달리 지방마다 특색이 있고 수시로 변하기도 합니다.

까마귀에게 제사 지내는 날

대보름은 새해 들어 첫 보름달이 뜨는 날이에요. 일 년 중 가장 달이 크다고
해서 대보름이지요. 달은 풍요와 여성의 출산을 상징해요. 농사를 짓던
우리 조상들은 달에게 기원하면 농작물 수확이 많아질 거라고 믿었어요.
〈삼국유사〉에 전하는 기록에 따르면, 신라 소지왕이 까마귀의 도움으로
목숨을 건진 일이 있어서 그 덕을 갚기 위해 대보름날 약밥을 지어
까마귀에게 제사를 지냈다고 해요. 약밥은 찹쌀에 대추, 밤, 잣, 기름, 꿀,
간장 등을 넣어 버무린 다음 시루에 찐 거예요.

부럼과 귀밝이술

대보름 절식은 그 가짓수가 단연 많아요. 맨 먼저 부럼을 들 수 있어요.
부럼은 밤, 호두, 은행, 잣처럼 껍질이 단단한 열매를 말해요. 대보름날
아침이 되면 부럼을 깨물면서 "일 년 열두 달 만사가 뜻대로 되고,
종기나 부스럼이 나지 않게 해 주십시오."라고
기원한답니다. 부럼 깨물기는 부럼이 부스럼과
발음이 비슷해서 생겨난 풍습이에요. 이로 부럼을
깨물면서 부스럼도 없어지기를 바라는 것이지요.
부럼은 자기 나이 수만큼 깨물었어요.
대보름날 아침에는 귀밝이술(이명주)이라는,
데우지 않은 술을 마시는 풍습이 있어요.
귀밝이술을 마시면 귀가 밝아져 한 해 동안 좋은
소식만 듣게 된다고 해요.

더위팔기

대보름 풍속 중 하나예요.
보름날 누구든 사람을
불러서 그 사람이 대답을
하면 "내 더위 사 가라."
하고 외치는 거예요. 이렇게
더위를 팔면 그해 여름에는
더위를 타지 않고 지낸다고
합니다.

오곡밥에 아홉 가지 나물 먹기

대보름날에는 찹쌀, 기장, 찰수수, 검정콩, 붉은팥 등 다섯 가지 곡식으로 지은 오곡밥을 먹어요. 오곡밥은 여러 집을 다니며 먹으면 좋다고 해서 이웃끼리 서로 오가며 함께 나누어 먹는답니다. 취나물, 배춧잎, 김에 밥을 싸서 먹기도 해요. 이것을 '복을 싸 먹는 것'이라고 해서 복쌈이라고 불렀습니다.

보름날에는 또 아홉 가지 나물을 먹어요. 묵은해에 말려 놓은 박나물, 버섯, 순무, 무 등 묵은 나물을 무쳐서 먹는 거지요. 오이 껍질이나 가지 껍질 같은 것도 버리지 않고 말려 두었다가 이날 데쳐서 먹었습니다. 그러면 일 년 내내 더위를 타지 않는다고 해요.

말려 두었던 나물을 먹는 건 겨우내 부족했던 비타민을 보충할 수 있는 좋은 방법이에요.

동짓날에 먹는 붉은 팥죽

동지는 일 년 중 해가 가장 짧은 날이에요. 하지만 동시에 해가 다시 길어지기 시작하는 날이기도 하지요. 해를 중심으로 생각한다면 새로운 해가 시작되는 날이라고 할 수 있어요. 실제로 옛날 중국 주나라에서는 800년 동안이나 동지를 설로 쇠기도 했습니다. 이 풍습이 남아 지금도 동지를 작은설이라고 한답니다.

동짓날에는 팥죽을 먹어요. 팥죽에는 찹쌀가루로 반죽한 새알심이 들어 있는데, 이 새알심을 자기 나이 수만큼 먹어요. 동지를 설로 지내던 풍습이 남아 팥죽을 먹어야 나이를 한 살 더 먹는다고 하기도 해요. 우리 조상들은 동짓날 팥죽을 먹으면 몸 안의 나쁜 기운이 사라진다고 믿었어요. 잡귀를 내쫓기 위해 팥죽을 문 앞에 뿌려 놓기도 했지요.

팥죽을 쑤면 먹기 전에 방이나 장독 등 집 안 곳곳에 놓아두고 문 앞에 뿌리기도 했어요. 이렇게 하면 잡귀를 물리칠 수 있다고 믿었지요.

귀신을 물리치는 색이 있다고?

중국에서 전하는 이야기에 따르면, 강을 다스리는 신 '공공씨'에게 못된 아들이 있었는데, 그 아들이 동짓날 죽어서 역병을 옮기는 귀신이 되었다고 해요. 그 아들이 팥을 무서워했기 때문에 동짓날 팥죽을 쑤어서 쫓는 거라지요.

더 큰 이유는 팥이 붉은색이기 때문이에요. 붉은색은 양기가 강한 색이라서
잡귀들을 물리쳐 준다고 믿었답니다.

귀신아, 물러가라

붉은색을 이용해 나쁜 기운을 쫓는 풍습은 동짓날 팥죽 외에도 여러 가지가 있어요.
손톱에 봉숭아 물을 들이는 것은 손톱을 예쁘게 꾸미려는 목적도 있지만 나쁜
귀신이 다가오지 못하게 막으려는 것이기도 해요. 장독가에 맨드라미를 심는 것도
마찬가지예요. 우리 조상들은 장독대를 신성한 장소로 여겨 왔어요. 그래서 붉은색
꽃인 맨드라미를 심어 잡귀의 접근을 막은 거랍니다.

동지 무렵이면 제주도에서 왕에게 귤을 올렸어요. 옛날에는 귤이 무척
귀한 과일이었어요. 왕은 귤을 받으면 종묘에서 제사 지낸 뒤 신하들에게
나누어 주었고, 이 일을 기념하여 과거 시험을 치르기도 했습니다.

최초의 김치는 어떤 모습이었을까?

청동기 시대 이후 곡물을 주식으로 먹게 되면서 짐승이나 물고기를 잡아먹었던 이전과는 달리 염분을 따로 섭취해야 했어요. 그래서 일찍부터 소금을 만들어 사용했는데, 소금은 식품이 썩는 것을 방지하는 역할도 했어요. 그래서 채소를 겨울철에 먹을 수 있도록 소금에 절여 저장했는데 이것이 김치의 시작이랍니다. 삼국 시대에는 김치를 담그는 채소로 순무, 가지, 박, 부추, 도라지 등이 쓰였어요. 그리고 소금 외에 각종 장이나 초에 절인 장아찌 종류도 만들었답니다.

양념을 넣고 버무린 고려 시대의 김치

고려 시대에는 불교의 영향으로 채소 요리가 발달했고 자연스럽게 김치도 더욱 다양해졌어요. 우선 김치를 담그는 채소의 종류가 무, 아욱, 상추,

파, 미나리 등으로 늘어났어요. 김치에 야생초를 이용하기도 했고, 동치미가 새롭게 개발되기도 했지요. 단순한 소금 절임에서 한 단계 더

나아가 마늘, 천초, 파, 귤피 등 각종 향신료와 양념을 넣어 버무린 김치가 등장했어요. 고려의 시인 이규보가 쓴 시에 "소금에 절인 김치 겨울 내내 반찬 되네."라는 구절이 있어, 고려 시대에 김장이 어느 정도 정착되었음을 알 수 있습니다.

동치미는 통무에 소금물을 붓고 생강이나 파 등을 넣어 담근 김치예요. 평안도에서는 시원한 동치미 국물에 메밀국수를 말아 냉면을 만들어 먹었답니다.

빨간 배추김치는 언제부터 먹었을까?

김치에 맨드라미나 잇꽃을 넣어 붉은색을 내기도 했지만 고춧가루가 들어간 붉은 김치는 17세기 들어서야 등장합니다. 고춧가루가 비린내를 없애 주기 때문에, 이때부터 김치에 젓갈을 넣기 시작했어요. 식물성 재료에 동물성 재료를 첨가하여 감칠맛을 높이고, 맛과 영양의 조화도 이루게 된 거지요.

조선 후기에는 김치의 종류가 무척 다양해졌어요. 1766년에 나온 〈증보산림경제〉라는 책에는 40종이 넘는 김치가 소개되어 있답니다.

고추는 우리나라에 17세기에 들어왔다고 전해져요.

재료와 만드는 법에 따른 김치 종류

김치는 주재료로 무엇을 쓰느냐에 따라, 만드는 방법에 따라 종류를
나누어요. 김치 종류에는 배추김치 외에도 어린 무를 잎이 붙은 채로 담근
총각김치, 오이에 칼집을 내고 그 사이에 온갖 양념으로 소를 만들어 채운
오이소박이, 배추와 무를 썰어서 한데 섞어 만든 섞박지 그리고 고춧가루
없이 맑은 국물로 담근 동치미 등이 있습니다.

총각김치

오이소박이

섞박지

담백한 북쪽 김치, 짜고 매운 남쪽 김치

김치는 지방에 따라 담그는 법이 달랐어요. 기후에 맞게, 그곳에서 나는
재료를 적절히 활용해서 나름대로 김치를 개발한 거지요.
날씨가 서늘한 북쪽에서는 간을 심심하게 하고 양념을
적게 써서 김치를 담백하게 만들어요. 고춧가루도
거의 쓰지 않는답니다. 국물 맛이 시원한 동치미가
북쪽 지방에서 발달한 것이지요.
날이 더운 남쪽에서는 김치가 상하는 것을 막기
위해 간을 세게 했어요. 남부 지방의 김치는 양념을

고춧가루를 전혀 넣지 않는 백김치는
북쪽 지방에서 발달했어요. 백김치는
담그는 법이 동치미와 거의 같답니다.

잔뜩 넣어 맛이 진하고 매운 것이 특징이지요.
남쪽에서는 특히 젓갈을 다양하고 풍부하게
넣는답니다. 경상도에서는 멸치젓, 갈치젓, 꽁치젓
등을 이용했어요. 전라도에서는 생멸치젓을 넣고,
때로는 찹쌀풀을 넣어 진한 맛을 냈어요.

김치를 담글 때 많이 이용하는
새우젓이에요. 김치에 어떤
젓갈을 넣는가는 그 지방에서
나는 해산물 종류에 따라 달라요.

맛도 가득, 영양도 풍부한 김치

김치는 이렇게 종류가 다양하고 맛도 좋지만, 무엇보다 영양이 뛰어나요.
배추와 마늘, 고추 같은 양념에는 비타민과 무기질이 풍부해요. 배추와
무의 푸른 잎에는 비타민 A가 풍부하고, 고추에는 비타민 C가 사과나
귤보다 많답니다. 그리고 김치에 들어간 젓갈은 채소류에 부족한 단백질,
아미노산, 칼슘, 지방질을 공급해 주는 동시에 김치만의 독특한 맛을 내는
데도 한몫하지요. 채소에는 섬유질이 많아서 변비나 성인병을 예방하는
데 아주 좋아요. 게다가 채소와 함께 들어가는 향신료에는 산화를 막아
주는 성분이 들어 있어, 노화를 방지하고 암을 예방하는 효과까지 있지요.
김치는 그야말로 맛과 영양이 똘똘 뭉친 종합 영양식이라고 할 수 있답니다.

젖산균

김치는 숙성되는 과정에서 특이한 풍미와 영양분을 만들어 내는 발효 식품이에요. 특히
숙성 중에 나오는 젖산균은 나쁜 균이 자라는 것을 막아 김치가 썩는 것을 막고 더욱
맛있게 익도록 도와줘요. 젖산균은 몸속의 지방을 분해하고, 장에 번식하는 나쁜 균을
억제해 준답니다.

겨우내 먹는 김장 김치

김장은 채소를 구하기 힘든 겨울철에 채소를 먹을 수 있는 좋은
방법이었어요. 겨울이 시작되는 입동 즈음에 김장을 해 두면 겨우내 소중한
반찬이 되었답니다. 그래서 우리네 살림에서는 김장 담그기가 아주 중요한
행사였지요.

> 무 배추 캐어 들여 김장을 하오리다
>
> 앞 냇물에 정히 씻어 함담을 맞게 하소
>
> 고추 마늘 생강 파에 젓국지 장아찌라
>
> 독 곁에 중두리요 바탕이 항아리라
>
> 양지에 가가 짓고 짚에 싸 깊이 묻고

〈농가월령가〉에서는 김장을 이렇게 표현해 놓았어요. 재료 준비에서
갈무리까지, 김장하는 모습이 아주 잘 묘사되어 있어요.

〈농가월령가〉

농촌의 생활 모습을 열두 달 순서에 따라 읊은 작품이에요. 정월의 농사 준비와 설 풍속,
2월의 봄갈이와 가축 기르기에서 시작하여 12월의 새해 준비에 이르기까지, 농촌의
생활을 달별로 읊은 거지요. 철 따라 변하는 농사일과 함께 절기, 세시 풍속, 음식 등을
세세히 묘사한 〈농가월령가〉는 당시 농촌의 모습을 노래한 작품 중에서 가장 내용이
풍부하고 훌륭한 것으로 평가받고 있답니다.

무 배추 캐어 들여 앞 냇물에 정히 씻고

김장은 주재료가 되는 배추와 무를 마련하는 데서부터 시작돼요. 하지만 엄밀히 말한다면 봄철의 젓갈 담그기부터 시작된다고 할 수 있지요.

김장용 배추는 늦여름에 다른 작물을 거두고 난 밭에 씨를 뿌려서 재배해요.

초가을에는 고추나 마늘 같은 양념을 마련하고, 가을이 깊어지면 배추와 무를 캐어 들여 김장을 준비해요. 재료가 준비되면 잘 다듬어 깨끗하게 씻어야 해요. 옛날에는 대가족이 함께 모여 살았어요. 게다가 겨울철 내내 먹을 거였으니 재료의 양도 엄청났을 거예요.

간을 맞추어 온갖 양념 버무리고

깨끗하게 다듬은 배추는 소금물에 절여요. 이때는 '함담'을 맞게 하는 일, 즉 짜고 싱거운 정도를 잘 맞추는 것이 중요해요. 소금물의 농도를 잘 맞추어야 간도 맞고 배추의 아삭아삭한 맛도 살릴 수 있거든요.

절인 배추는 다시 잘 씻어서 물기를 뺀 다음 소를 채워요. 소는 가늘게 채를 썬 무에 고춧가루, 마늘, 생강, 파 같은 온갖 양념을 넣고 버무려서 만들어요. 여기에 젓갈을 넣기도 하고요. 이렇게 채소를 갖가지 양념과 버무리면 각각의 재료들이 원래 갖고 있던 맛과는 달리 숙성된 김치 특유의 맛과 향이 생긴답니다.

김치는 어떻게 보관했을까?

김치를 다 담갔으면 갈무리를 잘해야 해요. 김치는 숙성 과정이 중요한 발효 식품이에요. 김치를 아무리 맛있게 담갔더라도 보관을 제대로 못 하면 소용없지요.

김치를 담는 그릇으로는 옹기를 사용해요. '중두리, 바탱이, 항아리'는 모두 옹기 종류예요. 옹기는 그 자체가 바람이 통하고 숨을 쉬는 그릇이라 발효 음식을 오래 보관하는 데 안성맞춤이었어요.

옹기는 이른 봄에 땅이 풀린 직후의 흙으로 빚은 것을 가장 좋은 것으로 쳤답니다.

숨 쉬는 그릇, 옹기

옹기는 질흙으로 빚어서 구운 그릇이에요. 옹기는 가마에서 구워지는 동안 표면에 미세한 숨구멍이 생겨요. 그래서 공기가 전혀 통하지 않는 플라스틱 같은 그릇과는 달리 음식을 오래 보관해도 썩지 않아요. 특히 발효 식품을 보관하는 데는 아주 좋습니다.

양지에 가가 짓고 짚에 싸 깊이 묻고

김치를 독에 담을 때에는 꾹꾹 눌러서 담고, 공기가 닿지 않도록 위에
우거지를 얹었어요. 그리고 독을 짚으로 잘 싸서 땅을 파고 묻었습니다.
깊은 땅속은 따뜻하고 온도 변화가 적기 때문에, 김치가 얼지 않고 일정한
온도를 유지하면서 익는답니다. 독을 묻은 다음에는 김치가 잘 익을 때까지
함부로 뚜껑을 열지 않고 차분히 기다렸습니다. 때로는 김치광을 만들기도
했어요. '양지에 가가 짓고'란 바로 이 김치광을 만든다는 거지요. 김치광은

드나들기 편하도록 부엌
가까운 뒤꼍에 세웠고,
빗물이 흘러들지 않도록
높은 곳에 자리를
잡았어요. 그리고
사람이 다니기 좋도록
김칫독들끼리는 듬성듬성
사이를 띄웠습니다.

김칫독을 묻은 곳 위에 통나무와 짚을 이용해서 작은
움집처럼 지은 것을 김치광이라고 불러요.

김장 때문에 방학을 했다고?

김장을 시작하면 할 일도 많은 데다, 시간도 이삼 일씩 걸렸어요. 그래서
김장을 할 때는 이웃끼리 돌아가며 품앗이로 했답니다. 1920년대에는

학생들에게 김장 방학을 주기도 했대요. 김장이 끝나면 함께 김장을 담근 사람들에게 한 무더기씩 들려 보내고, 이웃집에도 한 그릇씩 돌렸어요.

김장을 할 때는 날씨가 아무리 추워도 실내에서 하는 법이 없었어요. 따뜻한 실내에서 김치를 담그면 갑작스러운 온도 변화로 제맛을 내기 어렵기 때문이지요.

천을 짜서 옷을 지은 신석기 시대

사람들이 처음부터 옷을 제대로 갖춰 입었던 건 아니에요.

찬 바람이 씽씽 불면 추위를 피하고 해가 쨍쨍 내리쬘 때는 더위를 막는 등
몸을 보호하기 위해 짐승 가죽, 나무껍질, 풀 등을 걸쳤어요. 짐승 가죽을
잘 펴고 말려서 꿰매고, 풀을 옷감처럼 얽어 몸에 걸친 거지요.

신석기 시대 유물에는 천을 짤 때 쓰던 가락바퀴는 물론, 뼈로 만든 바늘과
바늘통 같은 도구들도 있어요. 이때부터 이미 천을 짜고 바느질을 해서
옷을 만들어 입었음을 알 수 있어요.

아니, 저건
못 보던 스타일인데?

아직도 짐승 가죽을
대충 걸치기만 하는 거야?

처음에는 짐승 가죽을 그냥
걸치다가 차츰 잘 펴고 부드럽게
다듬어 바느질을 해서 몸에 맞게
옷을 만들어 입었어요.

우리 옷의 기본은 윗옷 따로 아래옷 따로

천을 짜서 옷을 만들어 입게 되면서 사람들은 옷을 입는 데에 일정한
양식을 갖추게 되었어요. 과거에 옷을 입는 방식은 바지와 지고리를 따로

입고 그 위에 긴 겉옷(포)을 걸쳐 입는 거였어요. 여기에 신을 신어 발을
보호하고, 머리에는 관을 썼습니다. 선사 시대부터 시작되어 삼국 시대에
확립된 이러한 옷차림은 이후 수백 년간
이어져 왔습니다. 상의와 하의를 따로 입는
것은 북방 유목민 계통의 양식이에요. 날씨가
추우니 다리까지 잘 감싸도록 바지를 입고,
활동하기 편하도록 위와 아래를 따로 입은
거지요. 남방 계열의 중국 옷이 원피스 같은
통옷인 것과 비교됩니다.

고구려 고분 무용총의 〈수렵도〉예요. 저고리
길이나 바지 폭은 조금씩 변화가 있었지만,
윗옷과 아래옷을 따로 입는 기본만은 변하지
않았음을 알 수 있어요.

통일 신라 시대에는
관복을 중국식으로
제정하여 머리에 복두를
쓰고, 깃이 둥근 원피스
형태의 관복을 입었어요.

삼국의 옷차림에 보이는 기본 양식

고구려에서는 남녀 모두 바지를 입고 엉덩이까지 내려오는
긴 저고리에 허리띠를 매서 앞을 여몄어요. 저고리를 여밀
때는 옷자락을 왼쪽으로 여미면서 입는 왼쪽 여밈을 했어요.
그 위에 포를 겹쳐 입었고요. 구체적인 자료가 없어 자세히
알기는 어렵지만 당시의 여러 기록들로 미루어 보건대
백제나 신라의 옷차림도 대체로 고구려와 비슷했으리라
여겨져요. 삼국 시대 후기에는 중국 당나라의 문물을
받아들이면서 옷차림도 중국의 영향을 받았어요.
저고리를 여미는 방식도 중국 옷처럼 오른쪽 여밈을 하기
시작했는데, 통일 신라 이후에는 오른쪽 여밈으로 굳어져
지금까지도 전통 한복의 형식으로 남아 있습니다.

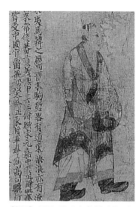

왼쪽은 중국 양나라에 찾아온 외국 사신들을 그린 〈양직공도〉라는 그림이고, 오른쪽은 평안도 수산리에 있는 고구려 고분 벽화예요. 백제 사람들과 고구려 사람들의 옷차림이 서로 비슷했음을 알 수 있습니다.

고려 말기에 그린 경기도 파주 서곡리의 벽화(왼쪽)와 학자 이제현의 초상화(오른쪽)예요. 긴 포를 입고 깃과 소매에 다른 천을 덧댄 모습은 여전하지만 옷 여밈이나 관모에서는 중국의 영향이 보여요.

몽골의 영향을 받은 고려 말

고려에 들어와서도 옷 모양은 이전 시기와 별반 다르지
않았어요. 머리에는 건을 두르고, 흰 옷감으로 만든 긴 저고리에 바지를
즐겨 입었답니다. 겉옷으로는 흰 모시로 만든 백저포를 주로 입고 허리띠를
둘렀습니다. 말기에는 몽골의 영향을 받아 저고리 길이가 짧아지고

깃과 소매에 덧댄 선이 없어졌어요. 하지만 유목민이었던 몽골도 윗옷과 아래옷을 따로 입는 식으로 두 나라의 기본 옷차림이 별반 다르지 않았기 때문에 근본적인 변화는 없었어요. 반면에 머리 모양이나 관모에서는 많은 영향을 받았지요. 머리의 앞부분을 깎고 남은 뒷머리는 길게 내려 땋는 변발의 영향을 받아 우리나라에서도 머리를 땋는 것이 일상화되면서 댕기가 사용되었어요. 또 몽골에서 투구 모양으로 생긴 발립이 들어왔는데, 여기에 차양을 달고 다시 까만 옷칠을 하면서 갓으로 발전해 갔어요. 여자들이 예식용으로 쓰는 족두리도 몽골의 영향을 받은 거랍니다.

집에서도 의관을 갖춰 입은 선비들

조선 시대에는 유교의 영향으로 옷을 입는 데에도 예의와 격식을 중시했어요. 신분이나 남녀 성별에 따라, 때와 장소에 따라 옷을 입는 법이

달랐답니다. 선비들은 항상 몸가짐을 바르게 해야 한다는 생각에 집에서도
의관을 갖추고 지냈어요. 바지저고리는 물론 겉옷까지 입은 데다 머리에는
갓까지 쓰고 지낸 거지요.
외출할 때는 겉옷을 겹으로 입었어요. 작은 창옷을 먼저 입고 그 위에 큰
창옷(중치막)이나 도포를 입었지요. 중치막이나 도포 위에는 색실로 만든
띠를 매었는데, 신분에 따라 색깔이 달랐어요. 일반 백성들은 중치막과
도포를 입는 것이 금지되었기 때문에 예복으로 입을 때는 작은 창옷을 갖춰
입었습니다.

열두 폭 넓은 치마를 입은 이유

여자 옷은 고려 말부터 저고리 길이가 짧아지더니 조선 후기에는
겨드랑이가 거의 드러날 정도까지 되었어요. 길이가 짧아졌기 때문에
저고리를 여밀 때 고름을 매었고요. 여자들도 옷을 입을 때 여러 개를
겹쳐 입는 것이 기본이었어요.
저고리 삼작이라고 해서
속적삼, 속저고리, 저고리를
겹쳐서 입고, 치마도 속옷을
겹겹이 입은 다음 일고여덟
겹으로 겹쳐 입을 정도였어요.
그래서 그 많은 속옷을
덮기 위해 치마폭이
넓어졌다고 해요.

옷깃이나 소매 끝에 다른 천을 대던
삼국 시대 이래의 풍습은 여자 저고리의
회장에 그 흔적이 남아 있어요. 소매와 깃,
고름에 회장을 댄 것은 반회장 저고리(위),
여기에 겨드랑이 부분까지 회장을 댄 것은
삼회장 저고리(아래)라고 해요.

여자들은 왜 치마를 둘러쓰고 다녔을까?

조선 시대에는 남녀 간에 구별이 심해서 여자가
남자와 자리를 함께하지 못하는 것은 물론,
밖에도 마음대로 나다니지 못했답니다. 어쩔 수
없이 외출을 하게 될 때면 장옷이나 쓰개치마로
가리고 다녔지요. 장옷은 두루마기처럼 생긴
것으로 겉은 초록색, 안은 자주색 천으로
만들었습니다. 머리부터 둘러써서 얼굴만
드러내고 팔은 소매에 끼우지 않았어요.
쓰개치마는 주로 옥색 천으로 만드는데 생김새는
보통 치마와 같아요. 치마허리로 얼굴을 감싸 턱
밑에서 맞물리도록 했지요. 겨울에는 여러 겹으로
쓰거나 솜을 넣기도 했어요.

신윤복이 그린 〈월하정인〉 속
여자의 모습이에요.

간편한 옷차림의 평민들

서민들은 양반에 비해 옷 입는 것이 간단했어요. 무명으로 지은 흰
바지저고리나 치마저고리를 입었어요. 비단옷이나 염색한 옷은 입지
못했답니다. 머리에도 갓 대신 삿갓이나
패랭이를 썼지요.
여자들은 일하기 편하게 치마를 걷어올려
입거나 행주치마를 두르기도 했어요.

조선 시대에 유행한 패랭이예요.

겉옷은 두루마기 하나로

서양 문물이 들어오면서 옷도 차츰 양복으로 바뀌어 갔어요. 나라에서는 관복을 양복으로 입게 했지만 일반인들은 여전히 전통 한복을 즐겨 입었답니다. 제도를 바꾼다 해도 생활에서 굳어진 습관을 바꾸기란 그리 쉽지 않으니까요.

조선 시대 선비들은 때와 장소에 따라 다양한 종류의 포를 입었는데, 갑오개혁 때 이 모든 포들을 두루마기로 단일화해서 신분에 관계없이 입도록 했어요. 두루마기는 도포의 넓은 옷자락 대신 소매를 좁게 했고, 띠를 두르는 대신 고름을 맸어요. 두루마기는 예복으로도 입고 방한용으로도 입었습니다.

두루마기는 남녀노소 누구나
즐겨 입는 옷이 되었습니다.

서양식 정장을 입은 고종 황제의
모습이에요. 조선 정부에서는 관복부터
먼저 양복으로 바꾸면서 백성들에게
양복 입기를 권장했습니다.

양복의 영향을 받아 변화한 한복

양복은 서양 문물을 접했거나 신교육을 받은 사람들이 먼저 입기 시작해
서서히 일반인들 사이로 퍼져 나갔어요. 조끼는 이때 양복의 영향을 받아
생긴 거예요.

서양 조끼에는 호주머니가 달려 있어서 매우 편리했어요. 전통 한복에는
호주머니가 없기 때문에 필요할 때에는 따로 주머니를 달고 다녀야
했거든요. 그래서 조끼는 사람들에게 큰 인기를 끌었고, 처음에는 양복
조끼를 그냥 입다가 차츰 우리 옷맵시에 어울리는 형태로 바꿔 나갔답니다.

마고자도 개화기 때 입기 시작했어요. 마고자는 청나라에 갔던 대원군이
돌아올 때 입은 마괘자를 개량해서 만든 것으로 추위를 덜기 위해 저고리
위에 덧입었던 옷이에요.

마고자의 모양은 저고리와 비슷하지만 동정, 깃, 고름이 없어요.
그리고 옷섶을 여미는 것이 아니라 두 자락을 맞대서 마늘쪽 모양의 단추를 달아 옷을 여몄어요.

활동하기 편하게 바뀐 여자 옷

여자들의 사회생활이 늘고 외출이 잦아지면서 여자 옷도 활동하기 편한
쪽으로 변해 갔어요. 조선 시대 들어 계속 짧아지던 저고리 길이가
움직이기 편하도록 다시 길어지고, 치마는 짧은 통치마를 입게 되었어요.
전통 한복에서는 치마와 저고리를 다른 색으로 해 입었는데, 서양
원피스에서 영향을 받아 치마 저고리를 같은 색으로 해 입기도 했어요.
외출할 때 입던 장옷이 없어지고, 그 대신 방한용으로 두루마기를 입게
되었답니다.

가장 오래된 옷감, 삼베

옷감을 짜서 옷을 만들어 입기 시작한 것은 신석기 시대부터예요. 맨 처음
짜기 시작한 옷감은 삼베랍니다. 삼풀을 가늘게 쪼개고 길게 이어 실을
만들어서 천을 짠 거지요. 신석기 시대에 옷감을 짰던 도구, 즉 베틀이 남아
있지는 않아요. 하지만 당시에 실을 감는 데 사용했던 가락바퀴가 발견되는
걸로 보아 길쌈이 행해졌고, 원시적인 형태의 베틀이 있었음을 알 수
있어요.

옛날에 사용된 베틀은
씨실과 날실을 얽을 수 있는
정도의 단순한 것이었어요.

가락바퀴

고급 옷감으로 쓰인 비단과 모시

부여나 삼한에서 양잠을 하고 비단을 짰다는 기록으로 보아, 비단도
일찍부터 짜기 시작했음을 알 수 있어요. 부여는 고조선과 같은
시대부터 있었던 나라이고, 삼한도 삼국이 성립되기 이전부터 있었던
나라들이니까요. 삼국 시대에는 비단 짜는 기술이 더욱 발전해서 무늬가

있는 비단을 짰어요. 비단은
주로 왕실에서 사용했고, 중국에
수출까지 했답니다. 비단과 함께
모시도 짜기 시작했어요. 모시는
삼베보다 올이 가늘고 고와서
비단과 함께 고급 옷에 주로
쓰였답니다.

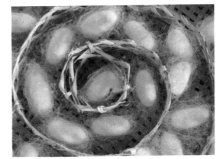

누에를 길러 누에고치 만드는 일을
양잠이라고 해요.

길쌈 시합을 벌인 신라 여인들

신라 유리왕은 해마다 7월 16일이 되면 전국의 여인들을 서라벌(경주)에
모아 길쌈 시합을 시켰다고 해요.
여인들은 두 편으로 나뉘어 천을 짠 후, 한 달째 되는 8월 15일이 되면 어느
편이 더 많이 짰는지 서로 견주어 보았어요. 진 쪽에서는 술과 음식 등을
마련해 이긴 편을 대접했다고 전해 오지요. 이 기록에서 보듯 왕이 직접
길쌈 시합을 열 정도로
당시에 길쌈이 무척
중요한 일이었음을
알 수 있어요.

삼국 시대에 쓰였던 베틀의 모습을 보여
주는 평안도 대안리 1호 고분 벽화예요.

모시 짜는 기술이 뛰어났던 고려인

고려 시대에는 옷 만드는 기술이 한층 더 발전하여 질 좋은 비단을 많이
생산해 냈어요. 고려 사람들은 특히 모시를 잘 짜고 즐겨 입었다고 해요.
모시 짜는 기술이 어찌나 뛰어났던지 '가늘기가 매미 날개와 같고 꽃무늬를
섞어 수놓은' 모시를 짰다는 기록이 있을 정도예요.

고려 말까지 가장 널리 쓰인 천은 삼베

삼베와 비단과 모시. 고려 말까지는 이 세 가지 옷감을 가지고 옷을
만들어 입었어요. 삼베보다 한결 부드러운 모시도 있었고 부드럽고 따뜻한
비단옷도 있었지만, 일반 백성들이 주로 사용했던 것은 삼베예요. 모시나
비단은 귀족층이나 입을 수 있는 고급 옷감이었고, 일반인들은 감히 입을
엄두를 낼 수 없었답니다.
삼베는 올이 거칠고 촉감이 뻣뻣했어요. 무엇보다 겨울을 지내기에
추웠답니다. 일반 백성들은 겨울에 삼베옷을 여러 겹 입으면서 추위를
견뎌야 했습니다.

삼베와 모시
삼베와 모시는 까칠까칠하고 차가운 느낌이 들어 여름철 옷감으로 적합해요.
삼으로 짠 삼베는 올이 거칠기는 하지만 무척 질겨요. 삼실로는 신을 삼거나 밧줄을
만들고, 천으로는 배의 돛을 만들기도 해요. 모시는 모시풀로 만드는데, 올이 고와서
고급 옷감이나 손수건 등을 만드는 데 쓰여요. 특히 한산 모시는 질이 좋아서 널리
알려졌습니다.

붓두껍 속에 숨겨 들여온 목화씨

고려 말에는 삼베옷의 불편함을 해소해 주는 중요한 변화가 있었어요.

탐스럽게 부풀어 오른 목화송이.
여기에서 실을 뽑아서 무명을 만든답니다.

공민왕 때인 14세기 말, 중국을 방문했던 문익점이 그곳에서 따뜻하고 질긴 무명과 그 원료가 되는 목화를 알게 된 거예요. 문익점은 붓두껍 속에 목화씨를 숨겨 가지고 돌아와 재배에 성공했고, 이어서 씨아와 물레 만드는 법까지 알게 되었어요. 우리도 목화를 심고 솜을 거두어 무명천을 짜게 된 거예요.

옷 문화를 크게 바꾼 무명

목화는 재배하기 쉬워서 널리 퍼졌어요. 목화를 이용해 무명을 짜기 시작하면서 우리 의생활은 크게 변화했답니다. 무명은 촉감이 좋고 질긴 데다 따뜻했어요. 게다가 천이 부드러워서 옷맵시를 내기에도 좋았지요. 실을 가늘게 뽑아 섬세하게 짜면 비단 못지않게 결도 고왔어요. 무엇보다 무명은 따뜻해서 겨울철 옷감으로 적합했어요. 무명을 겹으로 대서 옷을 만들고, 속에 솜까지 넣으면 겨울에 입기 아주 좋았어요. 여름에는 홑겹으로 옷을 해 입으면 되었고요. 무명은 평상복은 물론이고 속옷, 버선, 이불 등을 만드는 데에도 쓰였답니다.
무명으로 사철 옷을 지어 입을 수 있게 되자 그 전까지 주된 옷감이었던 삼베는 모시와 함께 여름철 옷감으로 사용되었답니다.

어떻게 일일이 손으로 옷감을 짰을까?

옛날에는 모든 옷감을 집에서 직접 짰어요. 물론 옷감의 재료가 되는
삼풀이나 목화를 재배하고 누에고치를 기르는 것도 집에서 했지요.
천을 짜려면 먼저 실부터 만들어야 해요.

삼실은 삼 줄기의 껍질이 마르기 전에 수증기로 찐 다음 삼칼로 껍질을
벗기면 나오는 속껍질을 손톱으로 일일이 쪼개 길게 이어서 만들어요.
짧은 삼실끼리 이을 때는 허벅지 위에 올려놓고 손바닥으로 비벼서
꼬았어요. 옛날 여인네들은 이 삼 삼기를 하느라 허벅지가 온통 벗겨지고
굳은살이 박이곤 했어요. 이렇게 만든 실은 물레에 연결해 길게 감습니다.

비단을 짜는 명주실은 누에고치에서 뽑아내요. 뽕잎을 먹고 자란 누에
애벌레는 나방이 되기 직전에 실을 토해서 온몸을 둘러싸요. 바로 이
고치의 실을 뽑아서 비단을 짜는 거예요.

고치는 물에 삶아야 실을 풀기가 쉬워요. 고치의 올이 풀리는 부분을 찾아
자새에 연결해요. 자새는 고치에서 나온 가는 올들을 꼬아 실을 만드는
도구예요.

옷감을 짤 때 쓰이는 실 한 올은 고치에서 나온 실이 열 가닥 이상 모여서
만들어진답니다. 자새에서 만들어진 명주실은 물레에 연결해서 감아요.
목화로 무명을 짜는 과정은 다음 그림을 통해 알아보기로 해요.

삼 속껍질을 쪼개 만든 삼실

목화송이를 따면 먼저 햇볕에 잘 말려요.
그래야 씨가 잘 빠지거든요.
씨를 빼낼 때는 씨아라는 기구를 써요.
씨아의 두 가락 사이에 목화송이를 넣고
씨아손을 돌리면 납작하게 되어
빠져나가요. 씨앗은 이때
두 가락 사이를 빠져나가지
못하고 밑으로 떨어집니다.

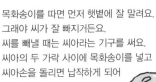

씨아손

씨앗을 빼낸 목화송이를 넓게 편 후 활로
타면 북슬북슬 부풀어 올라 솜이 돼요.
겨울옷이나 이불을 만들 때 집어 넣는
솜이지요. 실을 만들기 위해서는 먼저 솜을
막대기 모양으로 마는데, 이것을 고치라고
해요.

솜활

물레바퀴

고치

물렛가락

고치에서 실을 뽑아낼 때는 물레를 이용해요.
물레는 고치에서 실을 만들면서 감는 기구인데,
바퀴 모양으로 생겼지요. 물레를 돌리면 고치에서
나온 가늘고 짧은 실들이 함께 꼬이면서 긴 실이
되어 물렛가락에 가서 감겨요.

실을 다 만들고 나면, 날실을 몇 가닥으로 해서 천을 짤
것인가에 맞춰 날실을 정리해요. 날실을 몇 가닥으로
하는가에 따라 천의 촘촘한 정도가 정해진답니다.
정리한 날실은 베틀에 걸기 전에 풀을 먹여요.
풀을 먹이면 실이 질겨져서 잘 끊어지지 않아요.
풀을 먹일 때는 밑에서 불을 피워 실이
금방 마르도록 해요.

여자들이 도맡아 했던 길쌈

이제는 실들을 가지고 천을 짤 차례예요. 삼베, 모시, 비단, 무명 할 것
없이 일단 실을 만든 다음에는 모두 베틀에 올려서 짠답니다. 이렇게 실을
베틀에 걸어 천 짜는 일을 길쌈이라고 해요.

길쌈은 전적으로 여자들 몫이었어요. 낮에는 농사일하랴, 살림하랴
분주하게 지내다가 날이 저물면 베틀에 앉아 다시 고된 노동을
시작했답니다.

베를 짜려면, 우선 준비해 둔 날실을 베틀 위에 길고 팽팽하게 늘어뜨려요.
베틀에 앉아 베틀신을 신고 발을 당겼다 놓았다 하면 날실이 한 줄씩 건너
위아래로 나뉘어요. 그 사이로 잽싸게 북을 가로질러 씨실을 엮어 준 다음
바디를 힘차게 몸 쪽으로 당기면 씨실과 날실이 촘촘하게 짜입니다.

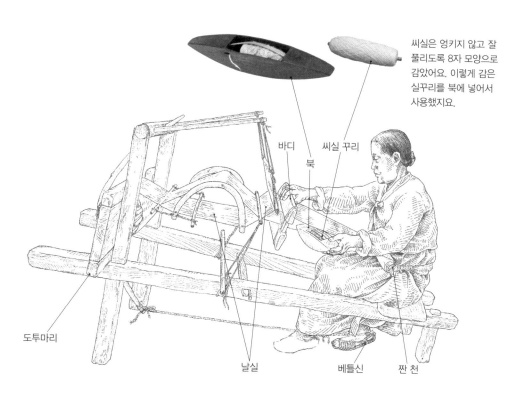

씨실은 엉키지 않고 잘
풀리도록 8자 모양으로
감았어요. 이렇게 감은
실꾸리를 북에 넣어서
사용했지요.

바디   씨실 꾸리
북

도투마리

날실   베틀신   짠 천

더디고 힘들지만 꼭 필요한 길쌈

발과 손이 박자를 맞춰 가며 움직일 때마다 베틀도 철커덕 턱, 철커덕 턱
소리를 내며 움직이고, 그때마다 한 올 한 올 고운 베가 짜여 나왔어요.
길쌈은 더디고도 힘든 일이었지요. 실이 한 가닥 한 가닥 모여서 천이
된다고 생각해 보세요. 밤새 졸린 눈을 비벼 가며 부지런히 손발을 놀려도
막상 일을 끝내고 보면 짠 천은 얼마 되지 않았어요.
그래도 베 짜기는 게을리할 수 없는 중요한 일이었어요. 베를 장에 들고
나가면 살림에 필요한 다른 물건으로 바꿔 올 수도 있었고, 길 떠나는
사람에게는 노잣돈 역할도 해 주었어요.

여인들의 필수 덕목이었던 바느질

바느질은 부덕, 용모, 말씨 등과 함께 옛 여인들이 반드시 갖춰야 할 덕목의
하나였어요. 옛날에는 여자아이가 대여섯 살만 되면 바느질을 가르쳤다고
해요. 나이가 들어 결혼할 때가 되면 수를 놓고, 혼수품도 직접 만들어 갈
만큼 바느질 솜씨를 익혔답니다.
여자들은 자연히 바느질 도구들을 벗 삼아 생활하였고, 그중에서도 특히
바늘, 실, 골무, 가위, 자, 인두, 다리미는 규중 칠우(부녀자 방의 일곱
친구)라고 일컬을 만큼 친근하게 쓰이는 도구들이었어요.

천과 천을 꿰매는 바늘

바느질에서 가장 기본이 되는 도구는 바늘이에요. 바늘은 선사 시대부터

이미 짐승의 뼈를 갈아 만들었고, 철기 시대 이후에는 주로 쇠를 갈아서
만들어 썼어요.

바늘은 용도에 따라 길이와 굵기가 달라요. 이불을 꿰매는 데는 6~7cm
크기의 바늘을, 수를 놓는 데는 3cm 크기의 작은 바늘을 사용했지요.

바늘을 쓰지 않을 때에는 바늘꽂이에 꽂아 두어요. 바늘꽂이는 고운
헝겊으로 꽃잎 모양, 고추
모양 등으로 만들고 속에는
바늘이 녹슬지 않도록
머리카락을 넣었습니다.

실은 엉키지 않도록 실패에 감아 두고 사용했어요. 실패는
보통 나무로 만들었는데, 옻칠을 하거나 그림을 그려
꾸미기도 하고 곱게 수를 놓은 천으로 감싸기도 했어요.

손가락 끝의 감투, 골무

바느질할 때 손가락이 찔리는 것을 막거나
힘을 주어 바늘을 찔러 넣기 위해 골무를
사용했어요. 두꺼운 헝겊이나 가죽으로
골무를 만들어 검지에 끼고 바늘귀를 꼭
눌러 주는 거지요. 골무는 손가락 끝에
끼는 아주 작은 물건이지만 여기에도
꽃이나 동물, 태극 무늬 등을 수놓아 멋을
부렸어요. 백통이나 은으로 만든 금속제
골무도 사용했습니다.

헝겊으로 만든 골무에는
곱게 수를 놓아 장식했어요.

옷 모양 따라 천을 자르는 가위

천을 모양대로 오릴 때는 가위를 써요. 가위는 금속판 하나를 X자형으로 꼬아서 만들거나, 금속판 두 개를 엇갈리고 그 교차점에 못을 박아 만들었어요. 고려 시대까지는 두 가지 모두 쓰이다가 조선 시대에 지금과 같은 모양으로 발전했지요.

손잡이 없는 X자형 가위(위)와 교차점에 못을 박은 손잡이 가위(아래)예요. 손잡이가 없는 가위는 천을 가윗날 사이에 넣고 눌러서 잘라요.

빨래는 왜 방망이로 두드려 빨까?

한번 만든 옷은 두고두고 입을 수 있도록 소중하게 다루고 정성껏 손질했어요. 옷감 손질에서 가장 기본은 깨끗하게 세탁하는 일이에요. 전통 세탁법은 옷의 봉합선을 다 뜯어서 빤 다음 마르면 다시 바느질을 하는 방식이었어요. 빨래란 사실상 옷을 새로 짓는 거나 마찬가지였지요.

김홍도가 그린 〈빨래터〉라는 그림이에요.

빨래는 방망이로 세차게 두드려서 때를 뺐어요. 빨래를 방망이로 두드리면 아주 작은 물방울이 생겨나는데 이 물방울들이 옷감 사이사이에 낀 때를 밀어 내는 원리예요. 옷을 더욱 깨끗하게 빨기 위해 잿물에 빨래를 삶기도 했어요. 짚이나 콩깍지를 태운 재를 걸러서 받은 잿물은 아주 훌륭한 비누 역할을 했답니다.

잿물에 담갔던 빨래를 방망이로 두드려 빤 다음 다시 잿물에 삶아 두드려
빠는 것을 반복하고, 이렇게 빨래가 끝나면 옷감을 햇볕에 말려 더욱더
희게 했어요.

푸새와 다듬이질

옷감에 풀을 먹이는 일을 푸새라고 해요. 푸새를 해 주면 옷 모양이
반듯해지고 때가 덜 타요. 또 옷에 얼룩이 지더라도 빼기가 쉬웠지요.
푸새를 마친 옷감은 올을 반듯하게 잡은 다음
차곡차곡 접어서 풀이 골고루 배어들도록 다듬이질을
했어요. 다듬이질을 해 주면 옷감에 풀기가 고루
배어드는 것은 물론, 옷감의 구김살이 펴지면서 결이
곱게 살아난답니다.

넓적한 다듬잇돌
위에 옷감을 올려놓고 길고 둥근
다듬잇방망이로 고르게 두드려 줘요.

옛날에는 옷을 어떻게 다렸을까?

옷감의 구김살을 펴는 데는 다리미도 썼어요.
다리미는 쇠로 만든 둥그렇고 납작한 그릇 모양에
손잡이가 달린 것이에요. 다리미 안에 숯을 넣고
쇠가 뜨거워지면 그 열기로 다림질을 하는 거지요.
다리미로 미처 다릴 수 없는 좁은 부분은 인두를
사용해서 주름을 폈어요. 인두는 다리미와 달리
직접 불에 달궈서 썼답니다.

인두(위)와 다리미(아래)예요. 쉽게
달궈지는 쇠의 성질을 이용해서
옷을 다리는 도구예요.

짚신 한 켤레는 얼마나 오래 신었을까

목이 긴 '화'와 목이 짧은 '리'

우리나라 신의 생김새는 목이 긴 '화'와 목이 짧은 '리'로 크게 나눌 수 있어요. 화는 장화 같은 신이고, 리는 고무신처럼 생겼어요. 화와 리 중 어느 것이 먼저 생겼는지는 알 수 없지만, 우리나라에서는 오래전부터 이 두 종류의 신발을 함께 신었답니다.

삼국 시대 신 모양을 잘 보여 주는 토기예요. 뒤축에는 신거나 벗을 때 잡는 손잡이가 달렸고, 발목을 끈으로 묶어 조이도록 신 가장자리를 따라 구멍을 뚫었어요.

가야 유물 중 짚신 모양 토기가 있고, 삼국 성립 이전부터 있었던 '마한'이라는 나라에서 짚신을 신었다는 기록도 있어요.

비슷한 모양의 신발을 신은 삼국 사람들

삼국 시대 신발 모양은 세 나라가 대체로 비슷했어요. 바닥이 평평하고 앞부리가 들리면서 뾰족해지는 모양이랍니다.

말 타고 드넓은 대륙을 달리던 고구려 사람들은 목이 긴 화를 많이 신었어요. 말을 타고 달리다 보면 자칫 나뭇가지에 다리를 쓸릴 수 있으니 목이 긴 신을 신은 거지요. 평상시에는 리를 즐겨 신었답니다. 고구려 귀족들은 노란 가죽신을 즐겨 신었고, 백제의 왕은 검은 가죽신을 신었다고 해요.

고구려 무사들은 바닥에 송곳처럼 끝이 날카로운 쇠막대를 촘촘히 박은 '못신'을 신었어요. 이 신발은 말을 타고 싸우는 기병이 신발 위에 겹쳐 신던 거예요. 말 위에서 못신을 휘둘러 적군이 가까이 오지 못하게 막았던 거지요.

원나라에 수출된 고려의 신발

고려에서도 화와 리를 함께 신었어요. 공식적인 자리에서는 가죽신을 신고, 평상시에는 짚신을 신었지요. 모양은 남녀나 신분에 상관없이 같았지만, 평민들은 화를 신을 수 없었습니다.

고려 시대의 신은 실물이 남아 있지 않은데, 고려 말 우리나라에 왔던 중국 사람이 기록해 놓은 것을 보면 앞이 낮고 뒤축이 높은 형태였다고 해요.

고려는 신발을 만드는 기술이 뛰어났다고 전해져요. 그래서 신은 고려자기, 종이, 비단 등과 함께 고려의 중요한 수출품이었답니다. 고려에서 만든 신은 원나라에서 무척 인기가 많았다고 해요.

목이 짧은 신이 발달한 조선 시대

조선 시대에도 화와 리를 신었는데 화는 주로 관리들이 관복에 맞춰 신던
신으로, 목화가 대표적이에요. 목이 없는 신으로는 양반들이 신던 가죽신인
당혜와 태사혜가 있어요.

신발은 리를 중심으로 발달했는데 이는 방바닥에 앉아서 생활하는 습관
때문이에요. 온돌방을 들인 우리 전통 가옥에서는 방에 들어가려면 신을
벗어야 해요.

더구나 조선 시대에는 집을 여러 채로 나누어
지었기 때문에 이 방 저 방 다니려면 수시로
신을 신었다 벗었다 해야 했어요. 그래서
자연스럽게 벗고 신는 데 편한 리를 신게
되었고 목이 짧은 신이 다양하게 발달했지요.

목이 없는 신발인 조선 시대의 혜

신분에 따라 다른 신발

조선에서는 신분에 따라 신의 종류를 엄격하게 제한했습니다. 조선 초기에
관리들은 관복에 검은 가죽신(흑피화)을 신었어요. 흑피화는 목이 짧은
신으로, 신발 코가 납작하고 신 가장자리를 흰 선으로
둘렀지요. 조선 말기에는 문관 무관 할 것 없이
신발 목을 검은색으로 만든 반장화 모양의 목화를
신었습니다.

조선 시대 관리들이 신던
목화. 전통 혼례식에서
신랑이 신는 것도 바로 이
목화랍니다.

신발 코의 곡선을 살린 혜

양반들은 평소에 가죽으로 만든 신을 신었어요. 가죽신의 겉에는 비단을 두르고 여러 가지 무늬를 새겼습니다. 사대부 남자들은 신발 코와 뒤축에 흰 줄무늬가 새겨진 태사혜를 신었어요. 그리고 노인들은 신발 코가 납작하게 생긴 발막신을 신었습니다. 여자들 신은 코와 뒤꿈치를 아름다운 무늬로 장식했어요. 덩굴무늬를 수놓아 만든 것은 당혜라고 했고, 구름무늬를 새긴 것은 운혜라고 했지요. 당혜와 같은 모양에 꽃, 나비, 매화 등을 수놓은 비단으로 가죽을 감싼 꽃신도 여자들의 사랑을 받았습니다. 혜의 특징은 무엇보다도 신발 코가 이루는 섬세한 곡선에 있어요. 풍성한 치마 밑으로 보일 듯 말 듯 살짝 드러나는 신발 코는 수줍은 듯 날렵한 곡선의 아름다움을 보여 줍니다.

사대부 남자들이 평상복에 신던 태사혜

당혜는 태사혜와 모양은 비슷하지만 신발 코를 더욱 뾰족하게 살려서 멋을 냈어요.

누구나 신었던 짚신

평민들은 짚신을 신었어요. 짚신은 말 그대로 볏짚으로 만든 신이지만, 왕골이나 부들 같은 풀로 만들기도 해요. 짚은 그다지 질기지 못해서 며칠 신지 못하고 해지곤 했습니다. 그래서 먼 길을 떠날 때는 짚신을 여러 켤레 장만하여 짐에 매달고 다녔답니다.

짚신과 모양이 같은 것으로 '미투리'가 있어요. 어린아이들이나 여자들은
짚신과 미투리에 여러 가지 색깔로 물을 들여 꽃짚신, 꽃미투리를 만들어
신기도 했어요. 종이를 노끈처럼 꼬아 만든 미투리도 신었답니다.

짚신은 짚으로 가늘게 새끼를 꼬아 촘촘히
짜는데, 신발 코가 휑하니 뚫린 모양이에요.

미투리는 원래 삼으로 만든 신을 일컫는
말이었는데, 나중에는 짚이나 풀로 곱게
짠 것도 미투리라고 했습니다.

바닥에 징을 박아 만든 진신

신은 모양이나 재료에 따라 구분하기도 하지만, 혜, 짚신, 미투리처럼
마른 날 신는 마른신과 궂은 날씨에 진 땅에서 신는 진신으로 나누기도
해요. 진신은 생가죽을 들기름에 절여서 만들었는데, 생김새는 태사혜나
당혜와 같아요. 물이 스며들지 못하도록 기름에 절인 가죽을 여러 장
겹쳐서 바닥을 만들고, 꿰맨 자리에도 기름을 먹여 물이 스며들지 못하게
했습니다.

진신 밑창에는 진흙이 엉겨
붙지 않도록 징을 박았어요.
그래서 징신이라고도 해요.

나무를 깎아 만든 딸깍딸깍 나막신

나무 속을 파내 신발 모양으로 만든 나막신도 비가 올 때 신었어요.
나막신이라는 이름은 '나무신'의 소리가 변한 것으로 17세기부터 신기

시작했어요. 나막신을 만드는 재료로는 오동나무,
버드나무처럼 단단하고 비교적 가벼운 나무를
썼어요.
나막신은 무겁고 활동하는 데 불편해서 먼 길을
가거나 말을 탈 때는 신지 않았어요. 나막신은
신분이나 나이에 상관없이 누구나 신었고,
어린이들은 나막신에 색을 칠하기도 했답니다.

나막신은 신발 속으로 물이나 흙이 튀어
들어가지 못하도록 굽을 달기도 했어요.

눈이 올 때는 무슨 신발을 신을까?

눈이 올 때는 설피나 둥구니신을 신었어요. 설피는 나무 덩굴이나
물푸레나무 가지를 둥글게 휘어 새끼와 짚으로 친친 감아서 만들었어요.
눈 속에 발이 빠지는 것을 막고 미끄러지지 않도록 신 바닥에 덧신었지요.
설피는 특히 산간 지방에서 많이 신었답니다.
둥구니신은 짚으로 만든 투박한 장화 모양의 신이에요. 눈 위에서
미끄러지는 것도 막고 추위도 피하기 위해 신었지요.

설피

둥구니신

양복과 함께 들어온 구두

개화기에 양복이 들어오면서 양말과 함께 서양식 구두도 함께 들어왔어요.
1880년대 외국에 나갔다 들어온 개화파와 외교관들이 맨 먼저 양복에
구두를 신었고, 고종을 비롯해 상류층 사이에 구두가 퍼져 갔습니다.
짧은 양장과 통치마가 등장하면서 양말과 여자 구두도 함께 들어왔지만,
신교육을 받던 여학생들이라도 신은 여전히 짚신, 미투리, 나막신 등을
신었어요.

고무신은 1920년대 처음 등장했어요. 신발 재료는
고무를 사용했지만 우리 전통 신발의 모양을 그대로
살려서 만든 거지요. 고무신이 크게 인기를 끌면서
당혜나 운혜는 자취를 감추게 되었습니다.

가볍고 질겨
고무신을 즐겨 신었어요.

옛날 사람들도 화장을 했을까

흰 피부에 은은한 화장을 좋아했던 우리 민족

자신을 곱게 가꾸기 위한 화장은 인류 문화와 함께 시작되었어요. 우리 민족도 예로부터 아름다움을 가꾸는 일에 열심이었지요. 하지만 타고난 아름다움을 가꿀 뿐 거짓으로 꾸미는 것은 싫어했어요. 화장은 은은하게 하는 것을 좋아했고, 흰 피부가 아름답다고 생각해서 피부 가꾸기에 신경을 썼답니다.

연지 화장을 했던 고구려 남자들

고구려인들은 깨끗한 옷 입기를 좋아했고, 공적인 모임에 나갈 때는 비단과 금은으로 장식했어요. 고구려에서는 남녀 모두 연지 화장을 했어요. 고구려의 승려 담징이 일본에 문물을 전할 때 연지도 전해 주었다고 해요.

백제 사람들은 "분은 바르되 연지를 바르지 않았다."고 해요. 이로 보아 엷고 은은한 화장을 좋아했던 것 같아요. 백제의 화장 기술에 대해서는 자세히 전해 오지 않지만, 일본에 화장품과 화장 기술을 전해 준 것을 보면 화장품 기술이 상당했음을 알 수 있지요.

신라인들은 아름다운 육체에 아름다운 정신이 깃든다는 영육 일치 사상을 가져서, 항상 깨끗한 몸에 단정한 옷차림을 하고 아름답게 치장하고자 애썼어요. 또한 목욕 재계를 중시하는 불교의 영향을 받아 목욕이 대중화되었고 몸에서 좋은 향기가 나도록 향낭을 차고 다녔지요.

화장품 만드는 기술이 뛰어났던 신라인들은 얼굴을 희게 하는 백분, 볼과 입술을 치장하는 연지, 눈썹을 그릴 때 쓰는 미묵 등을 만들었답니다.

백분은 쌀, 분꽃 씨, 조개껍데기 등을 곱게 가루 내서 만들어요.

연지 만드는 홍화

연지는 홍화(잇꽃)로 만들었어요. 꽃잎을 나무절구에 찧고 베로 짜서 꽃물을 제거한 후 남은 덩어리를 그늘진 곳에 말려요. 이것을 가루로 만든 다음 다시 물을 뿌려 말리는 과정을 반복해서 체에 쳐 곱게 만들었지요. 홍화 꽃잎 가루를 덩어리로 만들어 보관하다가 필요할 때는 기름에 개어 솔로 그리거나 연지 도장으로 찍었답니다.

목욕하기를 좋아한 고려 사람들

고려 사람들도 신라 사람들과 마찬가지로 청결을 강조했어요. 대야를 여러 개 장만하여 사용하기도 했지요. 그래서 고려 시대에는 크고 작은 대야가 많이 제작되었어요.

신체를 깨끗이 하기 위해 하루에도 서너 차례씩 목욕을 하기도 했어요. 특히 흰 피부를 가꾸기 위한 노력으로 전신 목욕이 성행했답니다. 부잣집에서는 희고 부드러운 피부를 가꿔 주기 위해 어린아이를 복숭아 꽃물에 목욕을 시킬 정도였다는군요.

고려 시대에 만들어진 '동제 은상감 대야'예요.

신분에 따라 달랐던 화장법

고려에서는 신분에 관계없이 누구나 화장을 했지만, 화장법은 신분에 따라 조금씩 달랐어요.

귀부인들은 분은 바르되 연지는 별로 바르지 않고 눈썹을 넓게 그리는 화장을 했어요. 그리고 몸에서 좋은 향기가 나도록 비단 향낭을 찼는데, 여러 개를 찰수록 자랑스럽게 여겼다고 해요.

신분에 따른 화장법 중 대표적인 것은 기생들의 '분대' 화장이에요. 얼굴에 분을 두껍게 바르고, 눈썹은 가늘게 가다듬어 짙게 그리고, 머릿기름도 번들거리도록 진하게 바르는 거였지요.

분대란 원래 얼굴에 바르는 분과 눈썹을 그릴 때 쓰는 미묵을 가리키는 말이었는데, 화장을 짙게 한 여자를 가리키는 말로 쓰이게 되었답니다.

향수와 향료

고려 사람들은 불교의 영향을 받아 향을 많이 사용했어요. 향에는 액체 상태로 된
향수와 고체로 된 향료가 있어요. 향수는 향내 나는 물질을 압착시켜 만들거나, 향기가
진한 꽃잎을 기름에 재어서 만들었어요. 향료는 향기가 짙은 식물을 말려서 가루로 낸
것, 향나무를 잘게 자른 것, 광물질로 만든 것 등이 있어요. 향료는 향로에 태워 연기를
내거나 주머니(향낭)에 담아 몸에 차고 다녔지요. 남녀 할 것 없이 향낭을 차고 다니는
풍습은 조선 시대까지 이어졌습니다.

화장품 특성에 따른 다양한 용기들

화장품과 함께 화장 용기도 발달했어요. 고려 시대에 사용된 화장 도구를
보면 기름병, 향합, 연지합, 분합, 분접시, 동경, 대야, 빗 등 무척
다양해요. 화장 용기는 아름다움을 가꾸는 데 쓰이는 것이라 그 자체를
아름답게 꾸몄어요. 고려 시대 화장 용기를 보면 청자 기름병이 유난히
많아요. 이것은 머릿기름이나 향유처럼 액체 상태로 보관하는 것이 많았기
때문이에요.

고려 시대에 가장 널리 사용된 화장품은 백분이었는데, 백분은 가루 상태로
보관하다가 물에 개어서 사용했어요. 그래서 분 화장 하나를 하는 데도
분가루를 담는 분합, 반죽에 사용하는 분접시, 물을 담는 분물 그릇 등 여러
가지 용기가 필요했습니다.

우리나라 화장 용기들은 앙증맞게 작은
것이 특징이에요. 천연 원료를 사용해서
필요한 만큼만 수시로 만들어 썼기 때문에
화장품 그릇을 작게 만들었습니다.

남녀 모두 피부에 관심이 많았던 조선 시대

조선에서는 고려 말의 사치 풍조에 대한 반발로 근검절약을 강조하고
화려한 옷차림이나 화장을 금했어요. 사대부 집안의 여인들에게는 화장이
금기시되었지요. 잔치나 나들이 때에만 화장을 하되 엷게 함으로써
기생이나 궁녀들의 분대 화장과 구분하였고요.

그 대신 조선 시대에는 기초 화장에 대한 관심이 높아졌어요. 옥 같은
피부, 잡티 없는 투명한 피부를 만들기 위해 노력했지요. 남자라고 예외는
아니었어요. 남자들도 피부를 희게 만들기 위해 백분을 발랐다가 씻어 내는
분세수를 했답니다.

조선 여인들의 피부 손질법

피부를 부드럽게 해 주는 미안수를 만들어서 발랐어요. 요즘의 로션에 해당하는 거지요.
꿀 찌꺼기를 발랐다가 일정 시간이 지난 후에 떼어 내는 일종의 팩을 하기도 했고요.
오이 꼭지를 얼굴에 문지르기도 했답니다.

조선 후기에는 거울을 붙인 화장대가 나왔지.

화장품을 넣는 서랍도 달려 있네?

집에서 만들어 사용한 화장품

진한 화장을 금하기는 했지만 그래도 아름다움을 향한 노력을 막을 수는
없는 법, 조선 시대에도 다양한 화장품과 화장 용구가 사용됐답니다.
화장품으로는 백분, 연지, 머릿기름, 향수, 미안수 등이 있었어요.
동경, 족집게, 모시실, 양칫대, 수건, 경대, 빗, 대야 등 다양한 도구도
사용했습니다. 화장품은 대부분 집에서 만들어 사용했고, 가내 수공업으로
만든 화장품을 팔기도 했어요. 화장품 가게도 있었고, 이 동네 저 동네
다니며 화장품을 파는 방물장수도 있었지요. 이때 판매된 화장품은
요즘처럼 포장을 따로 하거나 상표가 있는 것은 아니었어요. 장수들이 큰
통에 넣어 가지고 다니면서 필요한 만큼 덜어 팔았습니다.

사용법이 간편했던 신식 화장품

개화기에는 외국의 신식 화장품들이 들어오면서 재래식 화장품이 서서히
밀려났어요. 신식 화장품은 포장도 멋있고 사용법도 간편해서 크게 인기를
끌었답니다. 주로 수입된 것은 크림,
백분, 비누, 향수 등이었어요.
1920년대에는 분이 처음으로 정식
허가를 받은 상품으로 나와 크게 인기를
끌었어요. 신식 화장품이 들어오면서
신식 화장법도 퍼졌어요. 화장법이 많이
달랐던 건 아니고, 색이 더 진해지고
향내가 짙어진 거였지요.

처음으로 상표를 달고 나온 화장품은
분이었어요. '박가분'이란 박씨네 집에서
만든 분이라고 해서 붙인 이름이에요.

옛날에도 비누가 있었을까

옛날에는 팥이나 녹두를 갈아서 만든 '조두'가 비누 역할을 했어요. 조두는 신라에서도 썼던 것인데 때가 잘 빠질 뿐만 아니라 미백 효과가 뛰어나 인기가 좋았지요. 조두를 구하기 힘든 서민들은 콩깍지 삶은 물을 이용하거나, 쌀겨를 무명 주머니에 넣어 얼굴을 문지른 후 씻어 냈습니다. 잿물에 여뀌의 즙과 밀가루를 섞어 덩어리로 만든 '석감'도 썼답니다. 콩과 녹두 가루는 비단 같은 고급 옷감을 세탁할 때 썼는데, 부잣집에서는 이것을 세수할 때 쓰기도 했어요. 이 가루는 더러움을 날려 보낸다고 해서 '비루'라고 했는데, 비누는 여기서 나온 말이랍니다.

선사 시대부터 사용된 장신구들

아름다움을 가꾸는 데에는 화장뿐만 아니라 장신구나 머리 모양도 중요한 역할을 해요. 장신구는 화장과 마찬가지로 처음에는 주술적인 의미에서 사용되기 시작했답니다. 선사 시대부터 사용한 장신구로는 팔찌, 목걸이, 반지, 귀걸이 등이 있어요. 이 가운데 목걸이는 삼국 시대까지 널리 쓰이다가 통일 신라 이후에는 흔적이 보이지 않아요. 목걸이는 한동안 사용되지 않다가 개화기 이후 근대 복식이 들어오면서 다시 착용했던 것으로 여겨져요.

조개껍데기와 동물의 뼈를 갈아서 만든 선사 시대 장신구들이에요.

반지는 지금까지도 결혼 예물에서 빠지지 않고, 거의 모든 나라에서 결혼의 증표로 쓰이고 있어요.

가락지는 결혼의 증표

반지는 동서고금을 막론하고 결혼의 증표로 쓰였던 장신구예요. 우리나라에서도 혼인할 때 서로 반지를 선물했다는 내용이 4,000년 전 중국 기록에 이미 보인답니다. 반지는 보통 하나로 된 것을 말하고, 쌍으로 된 것은 가락지라고 해요. 삼국 시대에는 신라를 제외하고는 그다지 착용하지 않았고, 조선 시대에는 각종 가락지가 노리개와 함께 쓰였답니다.

삼국에서 조선까지, 남자들도 했던 귀걸이

귀걸이는 특히 삼국 시대에 남녀 구분 없이 널리 착용했고 조선 초기까지만 해도 남녀 모두 애용했어요. 그런데 선조 때 부모가 물려준 신체를 멋대로 훼손해서는 안 된다는 유교의 윤리 의식 때문에 귀걸이를 금지시켰답니다. 이때부터 남자 귀걸이는 자취를 감추었고, 여자들도 혼례 같은 의식 때나 귀걸이를 하되 귀를 뚫지 않고 귓불에 거는 것을 했어요.

삼국 시대의 귀걸이예요. 귀걸이는 고리 하나로만 만들기도 했지만 이렇게 섬세한 조각들을 연결하여 만든 것도 많았어요.

한복의 변화에 따라 발달한 노리개

조선 시대에는 노리개가 널리 쓰이면서 발달했어요. 저고리를 여미기 위한 허리띠에 장식품을 매달던 것이, 조선 시대에 저고리 길이가 짧아지고 고름을 매면서 옷고름이나 치마허리에 차는 노리개로 바뀐 거지요. 노리개는 금, 은, 옥으로 몸체를 만들고 여기에 다양한 색깔의 줄이나 매듭을 달아서 만들었어요. 아름답게 장식한 작은 칼인 장도도 노리개로 만들어 차고 다녔어요. 장도를 언제부터 몸에 차고 다녔는지는 확실치 않지만, 신라 시대 허리띠에 매달린 장식품 가운데 칼이 있는 걸 보면 꽤 오래전부터 장신구로 애용했던 모양이에요.

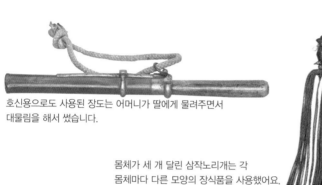

호신용으로도 사용된 장도는 어머니가 딸에게 물려주면서 대물림을 해서 썼습니다.

몸체가 세 개 달린 삼작노리개는 각 몸체마다 다른 모양의 장식품을 사용했어요. 몸체가 하나인 것은 단작노리개라고 해요.

삼국 시대부터 만들었던 가발

여인들의 머리 모양은 삼국 시대 이후 얹은머리와 땋은 머리를 중심으로 고려를 거쳐 조선에까지 전해졌어요. 머리에 비녀나 빗을 꽂아 장식하기도 했고, 때로는 가체를 사용하여 머리를 더욱 탐스럽고 아름답게 보이도록 했답니다. 가체란 '가짜 머리털'이란 말이에요. 삼국 시대부터 이미 가발을 만들었던 거지요.

고구려 여인들은 자신의 머리를 틀어 올려 얹은머리를 하고, 여기에 가발을 고리 모양으로 높이 틀어서 얹기도 했어요. 신라에서는 특히 긴 머리를 미인의 조건으로 여겨, 가체를 사용하고 여기에 금은보석과 비단으로 꾸몄어요. 동백기름, 아주까리기름 등으로 다듬어서 질이 좋았던 신라의 가체는 중국에서도 크게 인기를 끌었답니다.

고려 시대에는 대체로 머리를 한쪽 어깨에 드리우는 모양이었는데, 머리를 양 볼에서 어깨 위로 늘어뜨리고 나머지 머리는 뒤에서 쪽을 찌는 방식이 유행하기도 했습니다.

위로 감아 올린 머리를
고정하는 데 사용하는 비녀

조선 여인들의 극성스러운 머리 가꾸기

조선 시대에 화장을 금지하자, 여인들은 머리 가꾸기에 정성을 쏟았어요. 결혼한 여자들은 얹은머리를 하되 머리숱이 많고 높게 올리는 것을 선호했어요. 그런데 자기 머리채만 가지고는 머리 모양을 풍성하게 하는 데 한계가 있었어요. 그래서 '다리'를 사용했답니다. 다리란 머리숱이 많아 보이게 하려고 덧붙여 넣는 머리채를 말해요. 처녀들은 귀 뒤로 머리를 넘겨서 땋고 댕기를 드리는 땋은 머리를 했어요. 처녀들 역시 긴 머리채를 자랑으로 여겨 땋은 머리에도 가체를 했답니다.

다리를 써서 머리를 큼지막하게 감아 올린 트레머리

쪽 찐 머리가 정착한 것은 19세기

크고 높고 화려한 머리를 향한 여인들의 열망이 어찌나 대단했던지 그에 들어가는 비용도 만만치 않아 사회·경제적으로 심각한 타격을 줄 정도였어요. 급기야 영조 임금은 가체 금지령을 내리고 자기 머리만으로 쪽을 찌도록 했습니다. 머리 장식은 화관이나 족두리로 대신하고요. 그러자 이번에는 화관과 족두리를 금은, 주옥, 칠보 등으로 장식해서 오히려 더 사치스러워지는 결과를 낳고 말았어요.

이런 우여곡절 끝에 결국 여인들의 전통 머리라고 알려진 쪽 찐 머리가 정착된 것은 순조 중엽, 그러니까 1800년 이후랍니다.

떠구지머리는 나무를 머리털처럼 깎아 만들어서 머리 위에 이는 장식을 말해요. 영조 때 가체 금지령을 내린 이후 궁중에서는 떠구지머리를 가체 대신 사용했어요.

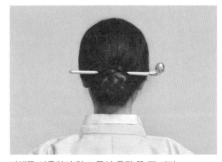

가체를 사용하지 않고 틀어 올린 쪽 찐 머리

기와집은 언제부터 짓기 시작했을까

윤서! 윤서!

내가 우주선을 고쳤어!
이제 날 수 있어!

정말?

쉬이이이

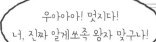

우아아아! 멋지다!
너, 진짜 알게쏘족 왕자 맞구나!

그동안 고마웠어.
돌아가서도 잊지 못할 거야.

잘해 주지 못해 미안해.
맨날 놀리기만 했지.

듀듀! 조심해!!!

으아아아아!!

쾅!!

내가 조심하랬잖아!

이상하다. 옛날엔
기와집, 초가집만 있었는데?

비바람을 피해 동굴로

구석기 시대 사람들은 주로 채집과 수렵으로 생활했기 때문에 먹을 것을
찾아 이리저리 돌아다니며 살았어요. 그러니 굳이 집을 지을 필요가
없었지요. 동굴이나 바위틈에 들어가 입구에 불을 피우거나 간단한 시설을
만들어 놓으면, 맹수의 공격이나 추위를 피할 수 있었답니다.

농경 생활과 함께 등장한 움집

신석기 시대에 농사를 짓기 시작하면서 사람들은 정착 생활을 하게
되었어요. 씨앗을 뿌리고 나면 그것이 자랄 때까지 몇 달이고 기다려야
했으니까요. 그래서 사람들은 집을 짓기 시작했어요.
그런데 당시의 기술 수준이나 도구로는 튼튼한 벽과 기둥을 세우고

지붕을 올리기가 힘들었어요. 추운 겨울을 보내기에는 난방 시설도 보잘것없었고요. 그러자 사람들은 땅을 깊이 파고 움집을 짓는 방법을 생각해 냈어요. 지붕 아래쪽이 지표면에 닿게 하면서 땅속 공간의 옆면을 벽으로 삼아 지붕을 올리는 움집은 큰 기술 없이도 지을 수 있어요. 또 땅속은 어느 정도 깊이가 되면 온도 변화가 적어 추위를 견디는 데 유리해요.

청동기 시대에는 움집의 크기가 더 커지고, 공간을 활용하기 좋도록 모양이 네모나게 변했어요. 기둥을 좀 더 높여 반지하로 지으면서 지붕도 지표면과 떨어지게 올렸고요. 화덕은 공간을 더 넓게 이용하기 위해 한쪽 귀퉁이에 설치했어요.

신석기 시대 집터 흔적이에요. 둥그렇게 파인 집터에 기둥을 박았던 흔적이 보여요.

움집을 지을 때는 먼저 바닥을 60cm 정도 깊이로 둥그렇게 판 다음 둘레에 기둥을 박아요. 그리고 작은 나무를 주위에서 중심을 향하여 경사지게 엮고 그 위에 풀을 덮었어요. 그래서 집의 형태가 원뿔 모양이 된 거지요.

땅 위에 지은 초가집

움집은 햇빛이 들지 않아 늘 어둡고, 땅바닥에서 올라오는 습기 때문에 축축했어요. 창이 없어서 바람도 통하지 않고, 오르내리기도 불편했지요. 이런 불편을 해결하려면 집을 땅 위에 지어야 했어요. 그러려면 기둥을 높이 세워야 해요. 기둥과 기둥 사이에 흙을 넣어 벽도 만들고, 드나들기 편하도록 문도 달아야 하고요. 철기 시대에는 쇠도끼 같은 강한 도구가 등장하고 이에 맞추어 기술도 발달했기 때문에 충분히 땅 위에 집을 지을 수 있었어요. 지붕은 움집과 마찬가지로 경사지게 만들어서 비나 눈이 흘러내리기 좋게 했어요.

지붕을 덮는 재료로는 볏짚을 사용했어요. 초가집이 등장한 거랍니다. 짚은 가벼워서 기둥에 큰 무리를 주지 않고 단열성이 좋아요. 그래서 여름에는 시원하고, 겨울에는 따뜻하게 지낼 수 있어요. 게다가 재료를 주변에서 쉽게 구할 수 있기 때문에 오랜 세월 서민들의 가옥으로 사랑받았습니다.

초가집은 재료를 자연에서 가져다 쓰고, 허물어진 뒤에는 다시 자연으로 돌아가요.

지붕에 풀을 얹고 끈으로 고정해 놓은 가야의 집 모양을 보여 주는 토기예요.

튼튼하고 오래가는 기와지붕

초가지붕은 비나 눈을 맞으면 썩기 때문에 해마다 새로 바꿔
주어야 했어요. 이런 불편을 덜어 준 것이 바로 기와예요. 기와는
흙을 빚어서 구운 것인데, 썩지 않는 것은 물론 방수성도 뛰어난
지붕 재료랍니다. 혹시 기와가 깨지더라도 그 부분만 갈아 주면
되었고요. 우리나라에서는 이미 기원전부터 중국의 영향을 받아
기와를 사용하기 시작했어요.

삼국은 중국에서 받아들인 기와를 우리 식으로
바꾸어 더욱 아름답게 발전시켜 나갔어요.
백제에서는 기와를 전문으로 다루는 와박사를
따로 두었고, 일본에 기와 기술을 전해 줄 정도로
기와 문화가 발달했답니다.

기와에는 다양한 무늬를 새겨 장식을 했는데,
불교가 들어온 이후에는 연꽃무늬를 주로
새겼습니다.

기와지붕의 모습을 자세히 볼 수
있는 통일 신라의 토기예요. 기와는
지붕 재료로서 실용적일 뿐만 아니라
집 모양을 꾸미는 데도 좋았어요.

도깨비기와

옛날 사람들은 집안에 나쁜 일이 생기거나 사람이 아픈 것은 나쁜
기운 탓이라고 생각했어요. 그래서 초자연적인 존재의 모습을 보여
주면 이 나쁜 기운이 물러간다고 믿었어요. 도깨비 무늬가 새겨진
기와는 그런 믿음에서 만들어진 것이에요. 집 위에 도깨비 모양을
올려놓으면 나쁜 잡귀들이 다가오다가 겁을 먹고 도망치리라고
생각했던 거지요.

기능에 따라 여러 채로 집을 지은 고구려

삼국 시대에는 중국을 통해 불교문화와 함께 건축술이 들어와 집 짓는
기술이 상당한 수준에 달했어요. 지금까지 남아 있는 건축물은 없지만,
궁궐터나 절터의 규모로 미루어 보건대 삼국 시대에 이미 상당한 규모로
건축이 이루어졌음을 알 수 있어요. 일반 민가는 초가집으로 지었지만
왕궁, 절, 귀족 집 등은 기와집으로 지었답니다.
고구려에서는 대체로 비스듬한 산자락에 기대어 집을 지었어요. 그리고
기능에 따라 집을 여러 채로 나누어 지었어요. 방으로 쓰는 공간은
물론이고 음식과 반찬을 만드는 반빗간, 고기 창고, 곡식 창고, 수레 차고,
가축 우리 등을 따로 지었답니다. 겨울이 춥고 긴 고구려에서는 일찍부터
구들을 이용하여 난방을 하기 시작했어요.

고구려의 집 모양을 보여 주는 토기

기왓골과 막새기와가 잘
표현된 가야의 집 모양 토기

83

고구려와 비슷했던 백제, 신라의 집

백제는 "고구려와 집이 같았다."라는 옛 기록이 있고, 각종 기와들이
발견되는 걸로 보아 대체로 고구려와 비슷한 수준이었음을 알 수 있어요.
신라 역시 "경주의 민가들은 기와지붕을 하였다."라는 기록이 있어
일찍부터 기와집을 지었음을 알 수 있어요. 그리고 백제와 신라에서는 모두
마루를 이용한 집도 지었답니다.

자연을 거스르지 않는 고려의 집

고려 시대에는 신라 말부터 유행한 풍수지리설에 따라 집터를 정하는
것이 유행했어요. 풍수지리설은 땅의 모양과 방향이 삶에 영향을 준다는
이론이에요. 집을 높게 짓지 않았던 것도 자연에 거스르지 않으려 한
풍수지리설의 영향을 받은 거예요.
서민층의 난방법으로 온돌이 널리 퍼졌고, 마루도 전국으로 퍼져 갔어요.
온돌과 마루가 함께 있는 집을 짓게 된 거예요. 서민들은 온돌방에서
지내는 좌식 생활을 주로 했고, 왕족이나 상류층은 중국식
의자나 침상을 이용하는 입식 생활을 했답니다.
고려에서는 청자의 나라답게 청자 기와까지 만들어
집을 꾸몄지만, 조선에서는 장식을 줄이고
실용성을 중시한 기와를 만들었습니다.

동경(구리로 만든 거울) 뒷면에 새겨진 고려의 집이에요.
집이 주변 환경을 거스르지 않고 자연과 잘 어우러져 있어요.

남녀의 생활 공간을 따로 나눈 조선 시대

조선 시대에는 농업 발달과 유교의 영향으로 대가족 제도가 되면서 집의 규모가 커졌어요. 신분에 따라 집의 규모가 달랐는데, 궁궐이 아닌 일반 주택은 99칸 이상은 지을 수 없었지요.

기능에 따라 공간을 따로 나누어 사용했는데, 고구려 시대처럼 기능별로 건물을 따로따로 지었어요. 지금 우리가 사는 대부분의 양옥처럼 현관을 들어오면 그 안에 방, 부엌, 화장실이 함께 있는 것이 아니라 제각각 다른 건물로 지었던 거예요.

조선 시대에는 이런 공간 구조에 새로운 공간이 추가되었어요. 조상 모시기를 중요하게 여기는 유교의 영향으로 집 안에서 제사를 지내기 위해 사당을 지은 거지요. 조상들의 위패를 모시는 사당은 대문에서 가장 먼 뒤쪽에 배치했습니다.

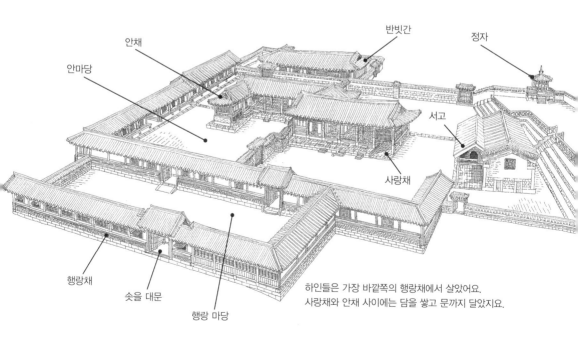

안마당 · 안채 · 반빗간 · 정자 · 서고 · 사랑채 · 행랑채 · 솟을 대문 · 행랑 마당

하인들은 가장 바깥쪽의 행랑채에서 살았어요. 사랑채와 안채 사이에는 담을 쌓고 문까지 달았지요.

또한 남자들이 사는 사랑채와 여자들이 사는 안채를 따로 두었어요. 남녀를 워낙 엄격하게 구별하다 보니 생활 공간까지도 나누었던 거지요. 그렇다고 모든 백성이 사랑채와 안채를 나눌 정도로 큰 집에서 살았던 건 물론 아니에요. 대개는 집 한 채를 지어 방을 나누어 썼는데, 그럴 경우 사랑방과 안방을 두어 구분했습니다.

사대부의 특징이 잘 드러난 사랑채

사랑채는 남자 주인이 사는 공간이에요. 유교를 숭상하던 사대부들은 특히 사랑채와 안채를 엄격하게 구분했지요. 주인은 사랑채에 머물면서 손님도 이곳에서 맞았어요. 그래서 사랑채를 가장 위엄 있고 멋있게 꾸몄지요. 사랑방은 주인이 공부를 하는 곳이기도 해요. 그래서 사랑방에는 좋은 그림이나 글씨가 쓰인 병풍을 치고, 주인이 편하게 지내도록 푹신한 요와 방석을 깔아 두었지요. 때로는 사랑채에 누마루를 붙여 짓고는 잘 가꾼 정원과 연못을 바라보며 풍류를 즐기기도 했답니다. 사랑채는 세대에 따라 다시 공간을 나누어 어른이 지내는 큰사랑과 젊은 사람이 지내는 작은사랑으로 나누기도 했습니다.

사랑방에는 공부하는 데 필요한 종이, 붓, 벼루와 담배 피우는 도구 같은 것들을 두었습니다.

사대부 집 부인들이 거주했던 안채

안채는 여자들이 생활하는 곳이에요. 안채는 집의 가장 안쪽에 두어 바깥
사람들이 함부로 드나들 수 없도록 했어요. 가족을 제외한 남자들은
안채에 들어갈 수 없었지요. 사대부 집 부인들은 좀처럼 안채를 벗어나지
못했어요. 심지어 친부모가 돌아가셨을 때를 빼고는 평생 집 밖으로 나가
보지 못한 사람도 있었다고 해요.

안주인이 거처하는 안방에는 장농과 경대, 문갑,
반짇고리 등 여자들이 주로 사용하는 물건들을
두었어요.

음식도 만들고 난방도 하는 부엌

부엌은 음식을 만드는 곳으로 안방 옆에
붙어 있었어요. 대저택에서는 안채 뒤쪽에
작은 담을 쌓고 따로 부엌을 두기도 했지요.
부엌 한쪽에는 부뚜막을 설치하고 그 위에
가마솥을 걸어 놓았어요. 부뚜막 밑의
아궁이에 불을 때서 그 열로 음식도 익히고
방도 데웠답니다.

부엌에는 음식을 만드는 데 필요한 조리
기구와 그릇들이 있어요. 그릇들은 부엌 뒷벽에
선반(살강)을 걸거나 찬장을 짜서 보관했어요.

부엌에는 물 항아리도 있었어요. 옛날에는 수도가 없었기 때문에 우물에서 물을 길어다 항아리에 담아 놓고 썼어요. 그리고 음식을 먹은 후 설거지를 할 때도 우물에 가서 씻었답니다.

배설물을 재활용하는 곳, 뒷간

변소는 가장 외진 곳을 찾아 집 뒤쪽에 두었어요. 그래서 변소를 뒷간이라고 하지요. 뒷간은 깊게 판 구덩이에 나무판자나 통나무 등을 걸쳐 놓고 그 사이 구멍으로 배설물을 내려 보내게 되어 있어요.

뒷간 한 귀퉁이에는 항상 재나 쌀겨를 쌓아 두어요. 대변을 본 뒤 재를 뿌리면 냄새도 나지 않고, 나중에 거름으로 쓸 수 있어요. 소변은 뒷간 밖에 있는 오줌통에 따로 누고, 이것을 묵혔다 거름으로 만들었어요.

뒷간은 농사에 없어서는 안 될 비료를 만드는 곳이기도 했지요. 그래서 옛날에는 이웃집에 놀러 갔다가도 용변은 얼른 자기 집에 가서 보고 왔다고 해요.

처마 곡선의 비결은 서까래에

기와집 하면 아마 대부분의 사람들은 부드러운 처마 곡선을 생각할 거예요. 정면에서 보면 좌우가 날렵하게 날아갈 듯하고, 옆쪽에서 보면 처마 중간이 늘어질 듯하다가 다시 휘어오르는 곡선. 기와로 지붕을 얹는 나라는 많지만 이렇게 오묘한 선을 그리며 이어지는 처마는 우리나라에서만 볼 수 있는 독특함이랍니다.

부석사 무량수전을 약간 아래쪽에서 바라본 모습이에요.
처마를 일직선으로 만들었다면 추녀가 처져 보여 무척 답답한 모습이었을 거예요.

기와집이 이렇듯 아름다운 처마 곡선을 그릴 수 있는 비결은 서까래에 있어요. 서까래는 집의 골격을 만들 때 지붕을 덮을 수 있도록 비스듬히 놓는 나무를 말해요. 처마를 곡선으로 만들기 위해서는 서까래를 놓는 위치에 따라 길이가 다른 나무를 각도를 달리하면서 놓아야 해요. 그리고 서까래 위에 다시 짧은 서까래를 얹어 처마 선을 살짝 들어 올리면 선이 한층 아름다워진답니다.

모퉁이의 추녀 부분에 가서는 서까래를 길게 빼내서 높이 들어 올려요. 날아오를 듯 날렵하게 좌우가 들어 올려진 지붕의 선은 바로 여기서 생겨나는 거지요. 만약 추녀 쪽 서까래를 다른 것과 같은 길이로 한다면 착시 현상 때문에 지붕 좌우가 처져 보였을 거예요. 그리고 추녀를 길게 뽑아 올림으로써 사방에서 들이치는 빗물을 막는 역할도 한답니다.

처마와 추녀
집의 뼈대를 만들 때는 수직으로 세운 기둥 위에 수평으로 도리를 얹고 그 위에 서까래를 얹어요. 처마는 바로 이 서까래가 도리 밖으로 나온 부분을 말해요. 그러니까 지붕에서 집의 몸체 밖으로 나온 부분을 생각하면 된답니다. 처마는 집 안까지 비가 들이치는 걸 막아 주고, 한여름에는 햇빛이 들어오지 못하도록 막는 역할을 해요. 추녀는 처마의 네 귀퉁이에 걸린 서까래를 말하는데, 바깥쪽이 위로 들려 있답니다.

암수가 짝짓기하는 기와 얹기

서까래를 다 얹고 나면 그 사이를 수수깡, 갈대, 잔가지 등으로 메우고 흙을 깐 다음 기와를 얹어요. 기와는 폭이 넓은 암키와와 폭이 좁으면서 볼록한 수키와로 나뉩니다.

기와 이기를 할 때는 먼저 암키와를 바닥에 깔아 기왓골을 만들어요.

그리고 암키와끼리 맞닿은 부분에 수키와를 덮어 기왓등을 만듭니다.

빗물은 자연스럽게 기왓골을 타고 흘러내리게 되지요.

기와의 끝부분은 회반죽으로 마감하기도 하지만 아름다운 무늬가 새겨진

기와로 마감하기도 해요. 이렇게 기왓골 끝부분을 치장하는 것을 막새라고

해요. 막새도 암키와를 마감하는 암막새와 수키와를 마감하는 수막새로

나뉜답니다.

김홍도의 〈기와 이기〉라는 그림이에요.
암키와와 수키와를 번갈아 얹어 가면서
기와를 이고 있어요.

온돌과 마루는 언제부터 생겼을까

북쪽 지방에서 시작된 온돌

신석기 시대 사람들은 취사와 난방을 위해 움집 안에 화덕을 설치했어요.
화덕은 청동기 시대 들어 취사용과 난방용으로 분리하여 사용되다가
난방용으로 쓰이던 것이 철기 시대에 구들로 발전해 갔답니다. 땅속에 집을
지어 난방을 해결했던 움집과는 달리 철기 시대에 지은 지상 가옥에서는
따로 난방 시설을 설치해야 했던 거지요.
구들은 날씨가 추운 북쪽 지방에서 시작되었어요. 겨울이 길고 추웠던
고구려에서부터 구들을 놓기 시작한 거예요.

쪽구들을 사용한 고구려

고구려의 구들은 지금처럼 방 전체에 깔린 것이 아니라, 방 일부에만
설치했던 '쪽구들'이에요. 방 한쪽에 ―자나 ㄱ자 모양으로 고래를 만들고

구들을 놓은 거지요. 불을 때는 아궁이는 방 안에 있었고, 집 밖으로 굴뚝을 내서 연기를 뽑아냈습니다. 고구려 사람들은 말을 많이 탔는데, 말을 탈 때는 목이 긴 신을 신기 때문에 방에 들어올 때마다 일일이 신을 벗기 번거로웠어요. 집 안에서도 입식 생활을 했고요. 그래서 쪽구들을 들여 걸터앉거나 잠을 잘 때 이용했답니다.

이렇게 작은 구들을 쪽구들이라고 불러. 고구려 사람들은 이걸 침상처럼 사용했지.

고구려 사람들은 바닥 전체에 구들을 깐 게 아니었어?

서서히 보급되며 발달한 온돌

구들은 백제에도 전해졌어요. 백제 후기 집터에서 구들을 들였던 흔적이 발견되었답니다. 신라에서 구들을 사용했던 구체적인 흔적은 발견되지 않았어요. 신라에서는 난방을 위해 방 안에 부엌을 만드는 방법을 썼어요.

음식을 만들면서 그 열로 난방까지 한 거지요.

구들은 고려 시대에 서민들의 난방법으로 전국에 퍼져 갔고, 후기에는 방 전체에 까는 '온구들'로 바뀌었어요. 온돌은 조선 초기에 중부 지방 아래로까지 전해졌어요. 방바닥에 장판을 깐 것도 이때부터지요. 온돌은 이렇게 차츰차츰 퍼져 나가 조선 후기에는 전국에서 온돌을 사용하게 되었어요. 고구려에서부터 구들을 깔았던 것을 생각하면, 정말 오랜 시간에 걸쳐 정착된 것이지요.

고래 위에 구들돌을 깔아 만드는 온돌

온돌의 구조를 보면, 방을 데우는 원리도 함께 볼 수 있어요. 먼저 댐처럼 두둑을 쌓아 고래를 만들고, 그 위에 구들돌(구들장)을 깔아요. 고래는 구들 밑에 고랑처럼 파여 있는데 불꽃과 연기가 지나가는 통로예요. 구들돌은 단단하고 넓적한 돌을 골라서 썼어요. 열을 직접 받는 아랫목은 두툼한 돌로 깔고, 윗목은 얇은 것으로 깔아 열이 골고루 퍼지도록 했지요. 구들돌 위에는 3cm 정도 두께로 황토를 발랐어요. 조선 시대에는 그 위에 기름종이를 덮어 장판을 깔았어요.

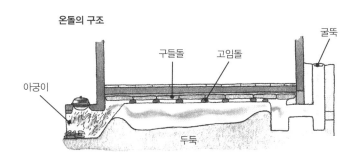

온돌의 구조

아궁이 / 구들돌 / 고임돌 / 굴뚝 / 두둑

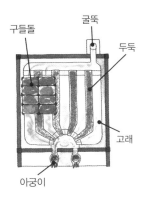

구들돌 / 굴뚝 / 두둑 / 고래 / 아궁이

온돌은 바닥부터 데우는 난방법

아궁이에 불을 때면 그 열기가 고래 사이를 통과하면서 구들을 데워요.
그리고 바닥을 데워서 따뜻해진 공기가 방 전체를 서서히 덥힌답니다.
구들은 한번 열을 받으면 쉽게 식지 않아서 오랫동안 따뜻해요. 그리고
여름에는 돌의 찬 기운 때문에 바닥이 서늘하답니다. 불을 때는 연료는
주변에서 흔히 구할 수 있는 솔가지, 나무뿌리, 낙엽, 잡초 등을
이용했어요. 연료를 태울 때 나오는 연기는 고래 끝에 연결된 굴뚝을 통해
밖으로 뽑아냈습니다. 그런데 바닥부터 데우는 난방을 하다 보니 아무래도
방 공기가 쌀쌀했어요. 이럴 때는 화로를 이용했습니다.

화로

화로는 방 안에 들여놓고 손을 쬐거나 공기를 데우는 데
썼어요. 아궁이에서 나온 재를 화로에 담고, 숯불을 묻어서
썼지요. 놋쇠, 청동, 자기, 도기 등으로 만들었고, 양쪽에
손잡이가 달리거나 바닥에 발이 달린 것도 있습니다. 화로에
밤을 구워 먹거나, 다림질할 때 쓰는 인두를 묻어 달구기도 했어요.

보일러를 이용해 데우는 현대식 온돌

우리 민족은 수천 년간 온돌을 써 오면서 좌식 생활이 굳어졌어요.
바닥부터 난방을 하다 보니 최대한 몸을 바닥에 많이 닿게 하는 쪽으로
생활 습관이 형성된 거지요. 요즘은 다들 양옥이나 아파트에 살고 침대도
많이 사용하지만, 난방만은 고집스럽게 온돌 방식을 고집하고 있어요.

이 모두가 수천 년간 굳어진 습성 탓이랍니다. 물론 집의 구조가
바뀌었으니 온돌을 만드는 방법은 달라졌어요. 현대의 온돌은 온수
보일러를 이용한 거랍니다.

굴뚝과 산타클로스

서양에서는 산타 할아버지가 굴뚝을 타고 온다지만, 우리나라에 오는 산타 할아버지는
그럴 수가 없답니다. 서양에서는 벽난로를 설치하기 때문에 지붕 위로 커다란 굴뚝 한두
개만 만들면 돼요. 뚱뚱한 산타 할아버지도 충분히 통과할 수 있지요. 하지만 구들로
난방을 하는 우리 전통 가옥에는 방마다 아궁이가 있고, 굴뚝도 여러 개예요. 또한
굴뚝이 좁고 가는 데다 바닥에서부터 굴뚝이 올라간답니다. 그런 굴뚝으로는
산타 할아버지가 도저히 지나다닐 수 없는 거지요.

남쪽 지방에서 발달한 마루

땅 위에서 높이 떨어지게 나무 바닥을 만들고 사다리로 오르내리는 원두막은 지금도 볼 수 있어요. 이런 원두막에서 옛 기록에 보이는 다락집의 모습을 찾아볼 수 있답니다.

구들이 추운 겨울을 위한 거라면, 더운 여름을 위해서는 마루가 있어요. 마루는 땅바닥에서 어느 정도 떨어진 높이에 널빤지를 깔아서 바닥을 만든 공간이에요. 땅바닥과 떨어져 있으니 축축한 기운이 올라오지 않고, 위아래로 바람이 통해서 무척 시원하지요. 북쪽 지방에서 온돌이

발달했던 것처럼, 마루는 여름이 길고 무더운 남쪽에서 발달했어요. 마루의 기원에 대해서는 정확히 밝혀지지 않았어요. 백제 사람들이 높은 다락집을 짓고 여름을 지냈다는 기록도 있고, 북쪽 지방인 부여에도 마루가 있었다는 기록이 있거든요. 고구려에서는 마루를 깐 다락집을 곡물 보관용 창고로 이용했어요. 신라에서도 일찍부터 마루를 만들었지만, 마루를 설치한 건물은 공적인 일을 보는 데 주로 이용했답니다. 마루는 주거용이라기보다는 공무를 보거나 곡물을 갈무리하는 데 주로 이용했던 거지요.

'마루'는 높은 곳

우리말에서 '마루'가 붙은 말은 보통 높은 곳을 뜻해요. 산마루는 산꼭대기를, 지붕마루는 지붕 위 가장 높은 용마루를 말해요. 또 산이나 지붕의 높은 곳 중에서도 가장 두드러진 부분은 마루턱이라고 해요. 이 모두가 마루를 높게 설치한 데서 비롯된 것이지요. 마루는 또 관청을 뜻하기도 했어요. 사극에서 사또가 넓은 대청에 앉아 일을 처리하는 모습을 생각해 보세요. 대청의 '청'은 관청, 중앙청처럼 공무를 보는 곳이라는 뜻을 가진 말이랍니다.

바람 솔솔 통하는 대청마루

마루는 고려 시대 들어 온돌과 한집에서 만나 주거 공간의 일부가
되었어요. 하지만 늘 거주하는 공간이라기보다는 보조 공간으로 쓰였지요.
마루의 대표격이라고 한다면 단연 대청을 들 수 있어요. 대청은 방과 방
사이에 만드는 큰 마루로, 더운 여름을 지내기에 아주 좋아요. 집 안 깊숙이
햇빛이 들어오지 못하도록 처마가 막아 주고, 앞뒤로 바람이 솔솔 통하니
더없이 시원하답니다. 대청처럼 큰 마루만 있는 건 아니에요. 방과 방
사이에 작은 마루방을 만들어 세간살이를 들여놓기도 하고, 마당과 통하는
방 앞에는 쪽마루를 이어 붙이기도 했어요.

대청은 여름에 시원한 방의 역할도 하고, 제사 같은
집안의 큰 행사를 치르는 곳이기도 했습니다.

다락처럼 높게 짓는 누마루는 사랑채에
붙여 짓거나 정자를 짓는 데 이용했어요.

지방에 따라 다른 집의 구조

우리나라의 집은 더운 여름과 추운 겨울이 반복되는 기후 특성에 맞게
온돌과 마루를 함께 들였어요. 그렇다고 모든 지역에서 같은 모양으로 집을
지었던 건 아니에요. 우리나라는 땅이 남북으로 길고 지역마다 기후 차이가
심하기 때문에 집의 모양과 구조도 지역마다 다르답니다.

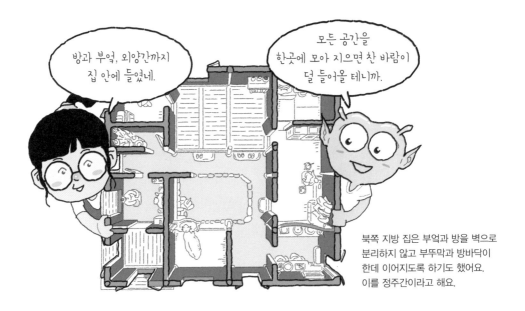

방과 부엌, 외양간까지 집 안에 들였네.

모든 공간을 한곳에 모아 지으면 찬 바람이 덜 들어올 테니까.

북쪽 지방 집은 부엌과 방을 벽으로 분리하지 않고 부뚜막과 방바닥이 한데 이어지도록 하기도 했어요. 이를 정주간이라고 해요.

겨울이 길고 추운 북쪽 지방에서는 집을 폐쇄형으로 지었어요. 살림채와 외양간, 창고 등을 가까이 붙여서 지은 거지요. 때로는 모든 공간을 집 안에 두는 밭 전(田)자형으로 집을 짓기도 했어요. 또 북부 지방의 집은 대청이 없는 것이 특징이랍니다. 여름이 긴 남쪽에서는 건물들을 널찍하게 떨어뜨리고 바람이 잘 통하도록 ─자형으로 집을 지었어요. 방과 방 사이에는 시원스럽게 대청을 만들었답니다. 중부 지방에서는 남부와 북부의 형태가 절충된 방식으로 집을 지었어요. 안방, 사랑방, 부엌 등을 ㄱ자, ㄷ자로 배치했답니다.

남부 지방의 집

중부 지방의 집

북부 지방의 집

특수한 기후 조건에서는 특이한 집

바람이 많은 제주도에서는 지붕을
낮게 올리고, 거센 바람에 날려 가지
않도록 동아줄로 꽁꽁 엮어 맸어요.
벽도 돌로 만들고, 집 주변에는 돌을
쌓아 담을 둘렀습니다.

제주도 초가집

우데기집

울릉도는 겨울에 눈이 무척 많이
와요. 그래서 지붕의 무게를 받치도록
튼튼한 통나무를 우물 정(井) 자로
쌓는 귀틀벽을 만들었어요. 나무
사이사이에는 흙을 발라 바람이 통하지
못하게 막고, 벽 바깥에는 풀이나
짚으로 이중벽(우데기 벽)을 만들어
눈이 들어오지 못하게 했습니다.

강원도나 함경도 같은 산간
지대에서는 논농사를 짓지 않기
때문에 볏짚을 구할 수 없어요. 대신
나무는 어디에서나 쉽게 구할 수
있지요. 그래서 귀틀집을 많이 지었고
지붕도 소나무 토막을 쪼개 기와처럼
만들어서 덮었어요. 이렇게 나무
기와를 얹은 집을 너와집이라고 해요.

너와집

소는 언제부터 농사에 쓰였을까

할머니 댁에 온 김에 숙제해야겠다!

무슨 숙제인데?

음매~

영상 촬영 숙제 1탄! 우리 주변의 동물 관찰하기!

00:02

제가 소개할 동물은 소예요! 특이하죠?

소는 정말 착해요. 덩치는 크지만 순하죠.

우유를 만드는 젖소는 얼룩무늬예요.

00:14

옛날에는 소가 농사를 돕기도 했답니다.

00:19

에엥? 소가 어떻게 농사를 도와?

몰랐나요? 소로 말씀드리자면……

참 나! 뭐야, 얘……

먹을거리를 찾아 여기저기로

처음에 사람들은 먹을 것을 스스로 생산할 줄 몰랐어요. 저절로 자란 나무 열매나 나뭇잎, 풀잎 등을 따거나 짐승과 물고기를 잡아먹고 살았지요. 사냥은 위험할뿐더러 허탕 치는 일이 많았고, 나무 열매를 줍는 일도 쉽지만은 않았어요. 하루 종일 헤매야 간신히 굶주림을 면할 수 있을 정도였지요.

그러다가 주변에 더 이상 먹을 것이 없으면 다른 곳으로 옮겼어요. 먹을 것을 찾아 여기저기 떠돌아다니는 고달픈 생활이었지요.

구석기 시대 사람들은 자연에 기대어 살 뿐 자연을 능동적으로 이용할 줄 몰랐어요.

신석기인들, 농사짓는 법을 터득하다

신석기 후기까지 사람들은 채집과 사냥, 고기잡이를 하며 살았어요.
그러던 어느 날, 사람들은 들에서 따 먹었던 열매가 주변에서 자라는 것을 보았어요. 가만 생각해 보니 지난번에 먹고 버린 씨앗에서 싹이 튼 것 같았어요. 시험 삼아 이것저것 씨앗을 뿌려 보았더니, 정말로 그중에서 싹이 트고 자라서 열매가 맺히는 것이 있었어요.

이 일을 몇 차례 반복하면서 사람들은 기장, 피, 조 같은 작물을 길러서 먹게 되었답니다. 드디어 농사를 짓게 된 것이지요. 농사를 지으면 적은 씨앗을 뿌려 많은 수확을 올릴 수 있었어요. 무엇보다 먹을 것을 찾아 이리저리 헤매지 않아도 되었지요. 사람들은 이제 집을 짓고 한곳에 눌러살면서 농사를 짓기 시작했어요.

최초의 농기구 뒤지개

이것저것 씨앗을 뿌려 보던 사람들은 씨앗을 땅속에 심는 것이 더 효과적이라는 것을 알게 되었어요. 씨앗을 심기 위해서는 땅에 구멍을 내야 하는데, 손보다 도구를 사용하면 힘도 덜 들고 효과는 더 좋았어요. 맨 처음 농사에 사용한 도구는 나무 작대기 끝을 뾰족하게 만들어 식물 뿌리를 캐거나 씨앗 심을 구멍을 내는 데 쓴 뒤지개(굴봉)예요. 뒤지개에 사용하기 좋게 손잡이도 붙이고 돌이나 쇠로 날을 만들어 붙이면서 따비로 발전했어요.

농경이 정착된 청동기 시대

신석기 시대 후기부터 시작된 농경은 청동기 시대에 접어들면서 차츰 정착되었어요. 재배 작물도 콩, 수수, 보리 등으로 늘어났고, 벼농사도 지었어요. 부여 송국리 유적을 비롯한 여러 유적에서 발견된 볍씨로 보아 우리나라에서는 벼를 대체로 기원전 1000년경부터 재배한 걸로 보고 있어요. 그런데 일산에서 그보다 2,000년 앞선 시기의 볍씨가 발견되어 벼농사의 기원을 신석기 시대로 올려 잡기도 합니다.

다 자란 곡식을 거둘 때에는 반달 모양 돌칼을 사용했어요. 돌칼에 구멍을 뚫고 끈을 끼워 손을 고정해서 사용했는데, 곡식 줄기를 하나하나 베었기 때문에 시간이 많이 걸렸어요.

철기 사용으로 한 단계 발달한 농업

철기 사용은 농업을 한 단계 발전시키는 계기가 되었어요. 철기는 석기나 청동기보다 훨씬 튼튼했기 때문에 땅을 보다 깊이 갈 수 있었어요. 그만큼 곡식을 깊이 심을 수 있었지요. 게다가 땅을 갈 때 잡초가 묻혀 들어가 거름으로 쓰였고, 땅을 가는 데 걸리는 시간도 짧아졌어요. 황무지를 개간해 경작지를 늘리는 데에도 크게 도움이 되었습니다.

낫을 사용한 수확

철기 시대부터는 수확할 때 낫을 사용했어요. 낫은 수확 시간을 아껴 준
것은 물론, 볏짚이라는 새로운 선물을 주었어요. 포기째 베어 낸 벼에서
알갱이를 털고 남은 줄기를 이용할 수 있게 된 거지요. 이 볏짚으로
물건을 넣는 바구니나 망태 같은 것을 만들기도 하고, 짚신도 삼았어요.
초가집은 바로 이 볏짚을 엮어 지붕을 얹은 집이지요.

철기 시대 쇠낫

본격적인 논농사는 삼국 시대부터

벼농사는 삼국 시대 초기부터 본격적으로 실시되었고, 수리 시설이
발달하면서 점점 더 비중이 높아졌어요. 벼는 본디 비가 많이 내리는
지역에서 자라는 작물이에요. 그러니 벼농사를 위해서는 많은 물이
필요했어요. 수리 시설이 제대로 갖추어지지 않았던 삼국 시대 초기에는
주로 습지에서 벼농사를 지었어요. 그러다 골짜기에 흐르는 물을 막아서
농사에 이용하기 시작했지요. 나라에서 대대적으로 공사를 벌여 커다랗게
제방을 쌓기도 하고, 마을마다 소규모로 보를 만들기도 했어요.

전라북도 김제에 있는 벽골제는
백제 시대에 만들어진 것으로,
남아 있는 제방의 길이만도 3km나
된답니다. 330년에 벽골제를
수리했다는 기록이 있어 그 이전에
제방을 쌓았음을 알 수 있습니다.

농사에 소를 이용하거라

철제 농기구 사용과 수리 시설 확충으로 활발해진 농업은 우경이
실시되면서 다시 한번 비약적으로 발전했어요. 우경이란 소를 이용해
농사짓는 것을 말해요.

한 번 농사를 짓고 난 땅은 영양분이 없어지기 때문에 갈아엎어서 아래쪽의
흙과 바꿔 주어야만 다시 농사를 지을 수 있어요. 땅을 깊이 갈기 위해
사용된 것이 따비예요. 처음에는 따비를 땅속 깊숙이 박고 한 사람이
붙잡은 다음 다른 사람이 그것을 끌어 주었어요. 따비를 끌기 쉽도록 틀을
만들어 달면서 쟁기로 발전했는데 쟁기를 끄는 일은 여전히 힘들었어요.
그래서 사람들은 소 같은 가축의 힘을 이용하는 법을 생각해 냈지요.
우경을 하자 사람의 힘도 덜고 시간도 빨라졌어요. 게다가 소는 사람보다
힘이 세 땅을 아주 깊이 갈 수 있었어요. 하지만 아직 거름을 만들 줄
몰랐기 때문에 한 번 농사를 짓고 난 땅은 영양분을 회복하기 위해 1년 이상
농사를 지을 수 없었어요. 그래도 우경 덕분에 농사를 쉬는 기간을 많이
줄인 거예요. 신라 지증왕이 501년에 전국적으로 우경을 하라고 명령한
것을 보면 이미 그 전부터 우경이 시행되었음을 알 수 있어요.

소는 성격이 온순해서 부리기
쉬운 데다 진흙 속에서도 잘
걸었기 때문에 쟁기를 끄는 데
안성맞춤이었지요.

농업의 변화에 따라 바뀌는 명절

본격적으로 벼농사를 짓게 되면서 명절을 쇠는 데에도 큰 변화가 생겼어요. 신라에서는
원래 5월 단오가 가장 큰 명절이었어요. 벼농사를 짓기 전에는 보리농사를 많이 지었고,
이에 따라 보리를 수확하는 5월에 하늘에 감사드리는 잔치를 벌이느라 단오가 큰
명절이 된 거지요. 그런데 벼농사를 본격적으로 짓게 되자 벼를 수확하는 가을에 하늘과
조상에 감사드리는 의식을 치르게 되었고, 이에 따라 8월 한가위가 단오를 제치고
큰 명절로 자리 잡기 시작했답니다.

꾸준히 농지를 늘려 나간 고려 시대

고려는 건국 초기부터 농업을 중시하는 정책을 펼쳤어요. 고려 시대에는
특히 경작지를 늘리기 위해 개간 사업을 꾸준히 실시했어요. 정해진 땅에서
보다 많은 농작물을 거두는 것도 중요하지만, 농사지을 땅을 넓히는 것도
필요한 일이니까요.

산기슭에 개발된 계단식 논이에요. 비탈진 땅에 평평한 논을 만들다 보니 계단 모양이 되었어요.

우리나라는 평지보다 산이 많은 지형이에요. 산기슭의 비탈진 땅이라고
내버려 둘 수는 없지요. 이렇게 개간된 고려의 경작지를 보고 12세기에
우리나라를 찾았던 서긍이라는 중국인은 "멀리서 보면 마치 사다리나 계단
같다."라고 표현했답니다.

경작지를 꾸준히 늘리는 한편, 고려 말부터는 같은 땅에 연이어 농사를
짓는 연작법이 가능해졌고 일부 지역에서 모내기를 실시하기도 했습니다.

과학 발달에 힘입은 농업 기술

조선 시대에도 농서 발간, 수리 관개 시설 확충, 품종 개량 등 농업을
발달시키기 위한 국가의 노력은 계속되었어요.

특히 조선 시대에는 자연을 과학적으로 관찰해 날씨 변화에 잘 대처하고자
노력했어요. 세종 때 발명된 측우기가 대표적인 경우예요.

지방의 관리들은 관청 뜰에 측우기를 설치해
놓고 직접 강수량을 재서 중앙 정부에
보고해야 했어요. 이 기록들을 모두 모으면
일 년 중 어느 시기에 비가 얼마나 내릴지
예측할 수 있어서 농사에 도움이 되었어요.

품종 개량도 농업 발달에 한몫했어요.
우리 땅에 맞는 품종을 골라 보급하는
노력이 이루어져 15세기 말에는 벼 품종이
27종이나 되었답니다.

비의 양을 측정하는 측우기

기우제

날이 가물면 비를 내려 달라고 하늘에 기우제를 지냈어요. 기우제는 우선 산꼭대기에
올라가 나무를 태우는 방법이 있어요. 애타는 마음을 알아주십사 하늘에 신호를 보내는
거지요. 솔가지로 마개를 한 물병을 처마 끝에 매달기도 했어요. 비 오는 것과 유사한
모습을 흉내 내면서 그 모습처럼 비가 내리기를 비는 거예요. 용을 그리거나 흙으로 용을
빚어서 빌기도 했어요. 비구름을 자유롭게 부리는 용에게 비를 내려 달라고 비는 거지요.

우리 현실에 맞는 농서 발간

조선 시대에는 농사에 도움이 되도록 수차례 농서들을 발간했어요.
그중에서도 세종 때 발간한 〈농사직설〉은 우리나라에 맞게 펴낸 최초의
농서예요. 세종 임금의 명을 받은 정초, 변효문 등이 경험 많은 농부들을
찾아다니면서 들은 내용을 정리했기 때문에 생생한 현장 경험이 담겨
있어요. 〈농사직설〉은 우리 환경에 맞는 농사법을 소개해서 농업에
실질적인 도움이 된 것은 물론, 지금은 조선 시대의 농사법을 알 수 있는
귀중한 자료가 되고 있습니다.

거름 주기가 중요한 이유

〈농사직설〉을 보면 조선 초기에 연작법이 정착된 것을 알 수 있어요.
거름을 이용해 땅의 힘을 키웠기 때문에 가능한 일이었지요. 우리나라에서
언제부터 거름을 사용했는지 확실치는 않지만, 〈농사직설〉에 거름을
만드는 다양한 방법이 소개되어 있어 당시에 이미 거름을 이용해 생산력을
높이는 기술이 상당했음을 알 수 있답니다.

거름지게

거름을 만드는 가장 대표적인
방법은 사람의 똥과 재를
섞는 거예요. 동물의 분비물도
소중하게 쓰였어요.
외양간 밖에 웅덩이를 파서 말과
소의 배설물을 모았다가 벼 껍질
등을 태운 재를 섞어서 밭에
뿌렸답니다.

수리 시설로 물 문제 해결하기

조선 초기에는 벼를 재배할 때 물을 댄 논에 볍씨를 직접 뿌리거나
마른논에 볍씨를 뿌린 다음 장마 때 물을 대 주는 방법을 썼어요. 볍씨를
모판에서 어느 정도 키운 다음 논에 옮겨 심는 이앙법이 고려 말에
시작되었지만 널리 퍼지지는 못했어요. 물 문제 때문이었지요.

벼는 자랄 때도 물이 많이 필요하지만 특히 모내기를 할 때는 논에 물을
가득 채워야 해요. 그래야 질퍽한 땅에 모를 쑥쑥 심을 수 있으니까요.
그런데 우리나라는 모내기 철인 봄에 비가 적은 편이라 자칫 모내기를
못하고 일 년 농사를 망칠 위험이 컸던 거예요.
조선에서는 초기부터 수리 시설을 늘리는 데 힘을 쏟았어요. 저수지에 관한
일을 맡아 보는 관청을 따로 두고 꾸준히 제방을 쌓고 관리했지요. 15세기
이후에는 소규모 수리 시설인 보를 많이 만들어 크게 효과를 보았답니다.

'보'는 하천에 나무, 돌, 흙 등을 쌓아서 물의 흐름을 막거나 느리게 해서 물을
가두어 두는 시설이에요. 제방을 쌓는 데는 많은 인력을 동원해야 했지만, 보는
마을 주민들끼리도 만들 수 있었지요. 보에 모인 물은 옆으로 물길을 내서 논에
끌어 씁니다.

이렇게 해서 수리 시설이 차츰 안정되자 조선 후기에는 이앙법이 전국으로 퍼질 수 있었어요.

이앙법을 하면 무엇이 좋을까

이앙법으로 농사를 지으면 이모작을 할 수 있어요. 모가 자라는 동안 논이 비는 틈을 이용해서 보리농사를 짓는 거예요. 그리고 줄 맞추어 모내기를 한 논은 김매기(잡초 뽑기)가 한결 쉬웠어요. 노동력은 적게 들이면서 수확은 훨씬 많아진 거예요.

모내기는 짧은 시간 안에 마쳐야 하기 때문에 여러 사람이 힘을 합쳐서 했어요. 농사에는 모내기처럼 함께 하면 훨씬 효과적인 일이 많아요. 보를 쌓고 관리할 때에도 뜻을 모아야 했고요. 그러다 보니 너나없이 함께 일하고 생활하는 공동체가 만들어지고 협동심이 강해졌답니다.

모를 심을 때는 여러 사람이 줄을 맞춰 함께 심어요.

땅 갈기로 시작하는 한 해 농사

봄이 시작되는 입춘이 지나면 농촌은
바빠지기 시작해요. 겨우내 얼었던 땅이
녹으면서 본격적으로 농사일을 시작해야
하거든요. 맨 먼저 하는 일은 씨를 뿌리기
전에 땅을 갈아 주는 거예요. 땅을 가는
데는 쟁기, 가래, 따비, 괭이, 쇠스랑 등이
쓰입니다.

김홍도의 〈논갈이〉. 쇠스랑, 쟁기 등으로
땅 갈기를 하고 있는 장면이에요.

소를 몰아서 끄는 쟁기

봄이 되면 사람만 바빠지는 게 아니랍니다. 소도 사람을 따라 들로 나가요.
쟁기를 끄는 건 소의 몫이거든요. 쟁기는 소의 힘을 이용해서 땅을
갈아엎는 농기구예요. 쟁기에는 몸체 끝에 삽과 비슷하게 생긴 쇠붙이가
끼워져 있어요. 소가 쟁기를 끌면 이 쇠붙이가 땅을 갈아 흙덩이를
일으키는 거지요. 옛날에는 봄이 되면 들판 여기저기에서 소 모는 소리가
가득했어요. 지금도 기계가 들어갈 수 없는 비탈진 논에서는 소를 몰아
땅을 가는 모습을 이따금 볼 수 있답니다.

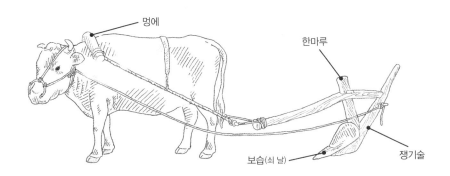

멍에

한마루

보습(쇠 날)

쟁기술

농경 초기부터 사용해 온 따비와 괭이

쟁기로 갈지 못하는 구석진 땅은 사람이 직접 따비로
갈았어요. 따비는 쟁기보다 크기가 좀 작고, 쇠 날
끝부분이 좁고 날카롭게 생겼어요. 따비는 농경
초기부터 사용해 온 오래된 농기구로, 쟁기는 바로
이 따비가 발전해서 만들어진 거예요.

괭이도 농경 초기부터 사용했어요. 괭이는 넓적한
쇠를 ㄱ자 모양으로 구부리고 여기에 자루를 박아서
만들어요. 처음엔 나무 괭이를 쓰다가 짐승의 뼈나
돌을 매달고, 나중에는 쇠로 만들어서 계속 사용해
왔답니다. 괭이는 땅을 파서 일구거나 뒤집는 데
사용하고, 때로는 밭의 김을 맬 때도 사용했답니다.

따비(왼쪽)와 괭이(오른쪽).
따비는 중간에 있는 발판에
발을 올려놓고 몸체를
돌려서 흙을 들어 올리거나
풀뿌리, 돌을 캐냈어요.

작업 능률이 높은 가래, 쓰임이 많은 쇠스랑

가래는 흙을 파서 던질 때 사용했는데, 넓적한 나무로 몸체를 만들고
긴 나무 자루를 박은 다음 몸체 끝에 쇠 날을 끼웠어요. 가래는 여러
사람이 공동으로 작업을 할 수 있어 능률이 높았답니다. 땅을
일굴 때는 쇠스랑도 사용했어요. 쇠스랑은 땅을 파는 것 말고도
쓰임이 많았어요. 밭에 씨를 뿌린 다음 흙을 덮을 때, 감자,
고구마, 무 같은 뿌리 열매를 캘 때, 거름을 쳐낼 때에도
쓰였답니다.

가래는 몸체 윗부분의 양쪽에 줄을 매서, 한 사람이 자루를 잡고
흙을 뜨면 두 사람이 양쪽에서 줄을 잡아당겨 흙을 던졌어요.

땅을 삶을 때 쓰는 써레와 번지

땅을 다 갈았으면 이번에는 삶을 차례예요. 땅을 삶는다는 건 일구어 놓은
흙을 깨트리고 골라서 판판하게 하는 것을 말해요. 모를 심기 좋도록
논바닥을 평평하게 만드는 거지요. 땅을 삶는 도구로는 써레와 번지를
써요. 논에서는 물을 가득 채우고 질퍽한 상태에서 써레를 끌지요.

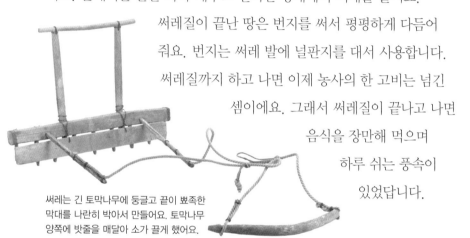

써레질이 끝난 땅은 번지를 써서 평평하게 다듬어
줘요. 번지는 써레 발에 널판지를 대서 사용합니다.
써레질까지 하고 나면 이제 농사의 한 고비는 넘긴
셈이에요. 그래서 써레질이 끝나고 나면
음식을 장만해 먹으며
하루 쉬는 풍속이
있었답니다.

써레는 긴 토막나무에 둥글고 끝이 뾰족한
막대를 나란히 박아서 만들어요. 토막나무
양쪽에 밧줄을 매달아 소가 끌게 했어요.

봄갈이 끝난 땅에 씨뿌리기

땅을 갈고 고르기까지 끝났으니 이제는 씨를 뿌려요.
짚이나 싸리로 만든 망태기 모양의 종다래끼에는
끈이 달려 있어서 어깨에 메고 그 안에 담긴 씨앗을
밭에 뿌렸어요. 씨앗을 담는 농기구로 꼭 종다래끼만
쓰는 건 아니에요. 소쿠리, 바가지, 뒤웅박처럼
씨앗을 담기 편한 그릇 아무거나 이용한답니다. 땅에
씨 뿌리는 일은 모내기가 시작되기 전에 끝내요.

봄갈이 끝난 밭에 씨를 뿌릴
때 사용한 종다래끼예요.

모를 쪄서 삶은 논에 옮겨 심기

써레질이 끝난 논에는 못자리에 있는 모를 옮겨 심는데, 이것을 모내기라고
해요. 못자리는 초봄에 논 한 귀퉁이에 땅을 다져 볍씨를 뿌려 둔 것이에요.
볍씨를 큰 그릇에 담고 며칠 동안 물에 담가 싹을 틔운 다음 위로 떠오르는
부실한 것은 골라내고 나머지를 못자리에 심어요.

이 모가 웬만큼 자라면 모내기할 때 편하도록 모를 한 움큼씩 뽑아 다발로
묶는데, 이것을 모를 찐다고 합니다. 모를 한 다발 손에 들고, 다른 손으로
몇 포기씩 뽑아 물이 가득한 논에 쑥쑥 찔러 넣는 거지요.

못자리에서 모를 찌고 있는 모습이에요.

곡식이 잘 자라도록 돌보는 여름

이제 곡식들은 뜨거운 여름 햇볕을 받으며 쑥쑥 자랄 거예요. 그렇다고
사람의 손길이 필요 없는 건 결코 아니에요. 곡식이 자라는 데 방해가 되는
잡초를 뽑아 주고, 곡식은 더 잘 자라도록 거름도 주고, 벼가 자라는 논에는
물이 마르는 일이 없도록 쉼 없이 물을 대 주어야 해요.

뜨거운 여름 햇볕 아래에서 흠뻑 땀을
흘리고 난 뒤 먹는 새참은 꿀맛처럼 달고 맛있어요.

뙤약볕 아래 힘겨운 김매기

정성껏 곡식을 심어 놓은 논밭에 어느 틈에 뿌리를 내렸는지 여기저기에서
잡초들이 함께 자라기 시작해요. 곡식이 자라는 데 방해가 되는 잡초는
얼른얼른 뽑아 주어야 하지요. 이것을 김매기라고 해요. 밭에서는 호미로
잡초를 캐내고, 논에서는 주로 손으로 뽑아요. 호미는 씨를 심을 때도 쓰고

김을 맬 때도 쓰는 농기구로 길쭉한 세모 모양의 쇠 날에 짧은 손잡이를 달아서 만들어요. 김매기는 무더운 여름에 뙤약볕을 받으며 해야 하기 때문에 농사일 중 가장 힘듭니다.

호미는 땅의 상태에 따라 알맞은 모양을
만들다 보니 지방마다 생김새가 조금씩 달라요.

논농사에서 가장 중요한 일은 물 대기

논에는 여름 내내 물을 채워 줘야 해요. 얼마나 물을 잘 댔는가에 따라 일 년 농사가 판가름 난다고 해도 과언이 아니지요. 농부들은 여름 내내 개울물도 끌어오고, 저수지나 보의 물도 끌어오면서 논에 물이 마르지 않도록 신경을 썼어요. 한쪽에 고인 물을 다른 쪽으로 옮길 때에는 용두레를 썼어요. 그런데 용두레는 물을 비슷한 높이에서만 옮길 수 있기 때문에 논이 물보다 훨씬 높은 곳에 있을 때는 소용이 없어요. 이럴 때는 맞두레를 써요. 네모진 나무통 양쪽에 끈을 매달고, 두 사람이 양편에 서서 그 끈을 쥐고 물을 퍼 올리는 거지요. 맞두레를 쓰면 높은 곳까지 물을 퍼 올릴 수 있답니다.

용두레는 통나무 속을 파내 배 모양으로 홈통을 만들고,
장대 세 개를 묶어 만든 삼각대에 끈으로 매달아 사용했어요.
손잡이를 잡아 홈통에 물을 담아서 다른 곳으로 옮기는 거예요.

거름으로 기름진 땅 만들기

거름으로는 사람과 가축의 똥이나 오줌이
요긴하게 쓰였고, 짚이나 썩힌 두엄(퇴비)도
썼어요. 고체로 된 거름을 옮길 때에는
넓적한 나무를 둥그렇게 만든 거름통을 쓰거나
삼태기에 담아 옮겼어요. 오줌 같은 액체
거름은 흙으로 빚거나 나무로 만든 장군에
담았어요. 장군을 긴 작대기 양쪽에 매달아
어깨에 지고 옮기거나 지게에 실어 옮겼습니다.

장군은 가운데가 불룩 나온
원통 모양에 주둥이가 달려 있어요.

낫질 속에 거두는 기쁨

가을이 되어 들판이 온통 황금빛으로 물들면 농부들 마음도 기쁨으로 가득
차요. 한편으로는 눈코 뜰 새 없이 바쁜 때이기도 하지요. 제때 곡식을
거두지 못하고 서리라도 내리는 날엔 일 년 내내 고생한 것이 헛일이
되니까요.
곡식을 거둘 때는 낫을 썼어요. "낫 놓고 기역자도 모른다."는 속담을
알지요? 낫은 말 그대로 ㄱ자 모양의 납작한 쇠 날에 나무 손잡이를 끼워서
만든 거예요. 쇠 날 안쪽은 날카롭게 갈아서 곡식을 베기 좋답니다.
한 손 가득 벼를 움켜쥐고, 낫날을 벼 밑동에 대고
안쪽으로 당기면 벼가 싹둑 잘라져요.

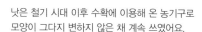

낫은 철기 시대 이후 수확에 이용해 온 농기구로
모양이 그다지 변하지 않은 채 계속 쓰였어요.

도리깨 도는 소리 흥겨운 타작 마당

곡식 줄기에서 낟알을 털어 내는 일을 타작이라고 해요. 타작에 쓰이는 농기구로는 그네, 개상, 도리깨 같은 것들이 있어요. 그네는 나무토막에 빗처럼 촘촘히 빗살이 박혀 있어 빗질하듯 볏단을 훑으면 낟알이 떨어져 나와요. 도리깨는 긴 작대기 끝에 구멍을 뚫어 꼭지를 박고, 그 꼭지 끝에 나뭇가지 두세 개를 달아 휘둘러 가며 칩니다. 도리깨로는 보리, 콩, 팥, 메밀 같은 밭작물을 주로 타작해요. 개상은 곡식을 다발째 들고 두드려서 낟알을 털어 내던 타작 도구예요.

조선 시대 화가 김홍도가 그린 〈벼 타작〉

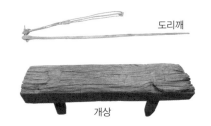

도리깨

개상

털어 낸 곡식을 고르고 말리고

타작을 하다 보면 쭉정이, 먼지, 겨 같은 것들이 섞여 들어가니 이것들을 골라내야 해요. 키에 곡식을 넣고 키를 위아래로 흔들면 곡식은 밑으로 주루룩 떨어뜨리고 가벼운 쭉정이들은 바람에 날아가요.

풍구는 바람을 일으켜 곡식을 고르는 농기구예요. 양쪽에 구멍이 뚫린 큰북 모양의 통 안에 X자 모양의 프로펠러 같은 날개가 있어서 이것을 돌리면

바람이 일어나요. 위에 달린 깔대기 모양의 구멍으로 흘러들어 온 낟알에
섞인 쭉정이를 이 바람으로 날려 보내는 거지요.

키질을 하면 쭉정이는
밖으로 날아가고 곡식만 아래로
떨어지는구나!

이건 풍구라는 건데
바람을 일으켜서 곡식을 골라내도록
도와주는 도구야.

농사를 마무리하는 곡식 갈무리

물기가 덜 마른 곡식은 방아를 찧기 힘들고
보관하다 자칫 썩을 수도 있기 때문에 잘 말려야
해요. 곡식을 말릴 때에는 짚으로 만든 멍석이나
도래방석에 낟알을 올리고 고무래로 반반하게
잘 펴서 말려 줍니다. 이렇게 말리기까지 마친

수확한 나락을 보관하는 나락 뒤주예요.

섬

곡식은 잘 갈무리해서 짚으로 만든 섬에 담아서 보관했어요. 한 섬에 보통 열 말을 담았기 때문에 섬 자체가 곡식을 세는 단위로 쓰이기도 했답니다.

마찰력을 이용해 곡식을 빻는 방아

옛날에는 곡식을 껍질째 보관하다가 필요할 때마다 방아를 찧었어요. 절구나 디딜방아는 보통 집집마다 있었고, 연자방아나 물레방아처럼 큰 방아는 마을 공동으로 마련해서 함께 사용했답니다.

방아는 곡식의 겉껍질을 벗길 때만 쓴 게 아니에요. 곡식을 가루 내고, 물과 섞어 으깨기도 하고, 떡을 치기도 했지요. 방아의 원조는 신석기 시대에 돌의 마찰력을 이용해 만들어 썼던 갈돌이라고 할 수 있어요. 이 갈돌이 절구로 발전하고 다시 디딜방아, 물레방아로 발전했답니다.

물레방아는 물의 힘을 이용해 굴통을 돌리고 그 힘으로 다시 방아채를 눌러서 곡식을 빻는 거예요.

절구는 대개 돌로 만들지만 통나무나 무쇠로 만들기도 해요.

절구는 움푹하게 파인 부분에 곡식이나 떡을 넣고 절굿공이로 찧어요.
절굿공이는 중간 부분이 손으로 잡기 편하도록 가늘고, 양 끝부분이
두툼하고 둥글어요.

발로 디뎌 곡식을 빻는 디딜방아

디딜방아는 Y자 모양 나무를 구해 뿌리 쪽에 공이를 끼우고, 중간 부분을
양쪽에 세운 나무토막 사이에 끼워서 고정해 만든 거예요. 두 갈래로
갈라진 부분을 발로 디디면 공이가 올라갔다가 발을 떼면 다시 내려가면서
곡식을 빻는 거지요.

때로는 발 딛는 부분이
갈라지지 않은 외다리
디딜방아를 쓰기도 했어요.
고구려 고분 벽화나
신라의 백결 선생이 지은
'방아 타령'이 전해지는
것으로 보아, 디딜방아는
오래전부터 애용되었음을
알 수 있어요.

안악 3호 고분의 고구려 벽화에는 집 안에서
디딜방아를 찧는 사람이 그려져 있어요.
디딜방아는 청동기 시대부터 사용했답니다.

정말로 코흘리개 꼬마를 장가보냈을까

이 녀석들아, 씻고 자.

드르렁

옛날 같으면 벌써 시집 장가 가고도 남았을 녀석들이.

진짜?

윤서, 잠 깼니?

진짜 옛날에는 나만 할 때 결혼했어?

암만! 열세 살만 되어도 시집갔는걸.

흐에엥! 그럼 엄마 아빠랑 같이 못 살잖아. 진짜 싫었겠다!

신석기 시대 결혼 방식은 족외혼

구석기 시대 사람들은 수십 명씩 떼를 지어 다닐 뿐, 가족이라는 개념은
없었어요. 남녀가 만나 아이를 낳기는 했지만 남편이니 아내니 하는
구별도 없었고, 아이도 집단 공동의 아이였지요. 그러다가 신석기 시대에
들어 농사를 지으며 정착 생활을 시작하고, 이에 따라 무리의 규모가 점점
커지면서 씨족을 이루게 되었어요. 씨족 안에는 남녀 한 쌍과 그들의
아이로 구성된 가족도 있었습니다. 결혼은 서로 다른 씨족의 남녀가 만나는
족외혼을 했어요. 집단 안에서 한 여자를 두고 경쟁하는 것을 막고, 다른
씨족과 결혼을 통해 친분 관계를 맺기 위해서였지요.

결혼식은 신부 집에서

부부의 모습을 빚은 신라 시대의 토우예요. 삼국 시대의 왕과 귀족들은 아내를 여럿 두거나 첩을 거느리기도 했어요. 보통 사람들은 일부일처제를 지켰지요.

삼국 시대에는 남녀의 만남이 자유로웠고, 서로 마음이 맞는 사람끼리 결혼하는 일도 많았어요. 물론 지위와 형편이 맞는 집안끼리 자녀를 결혼시키는 경우도 있었고요. 결혼할 때는 술과 음식을 마련해 나누어 먹었을 뿐, 따로 패물을 주고받는 일은 없었어요. 혹시 여자 집에서 패물을 받으면 딸을 팔았다고 비난을 들을 정도였습니다. 음식을 준비하는 것도 사는 형편에 맞춰 했고요. 신랑 집에서 술과 음식을 보내면 잔치는 신부 집에서 했다고 해요.

여자 집에 장가든 고구려 남자들

보통 결혼이라고 하면 여자가 남자네 집안으로 시집가는 걸 생각해요. 그런데 고구려에서는 남자가 여자 집에 들어가서 사는 데릴사위제가 일반적이었어요. 여자 집에서는 결혼 상대자가 정해지면 사위가 들어와 살 집부터 지었어요. 이 집을 서옥(사위의 집)이라고 했지요. 남자는 처가에서 살다가 아이가 다 큰 다음에야 자기 집으로 돌아갔는데, '장가든다'는 말은 바로 이 풍습에서 비롯된 거지요.

동옥저의 민며느리제

지금의 함경남도 자리에 있던 나라인 동옥저에는 고구려의 데릴사위제와는 반대로 민며느리제라는 것이 있었어요. 이곳 풍습으로는 여자아이가 열 살 전후가 되면 약혼을 시킨 후 남자 집에 가서 살게 했어요. 여자가 다 자라면 집으로 돌려보낸 후 남자가 찾아가서 여자 집에서 요구하는 값을 주고 다시 데려왔습니다.

고려 시대까지 이어진 근친혼

고려 시대까지는 가까운 친인척끼리 결혼하는 근친혼이 자연스러운
일이었어요. 신분제 사회에서 같은 신분끼리만 결혼하여 기득권을
유지하려 한 거지요. 특히 왕족들은 자기들끼리만 결혼해서 혈통도
순수하게 보존하고 왕실의 기반도 더욱 튼튼히 다지고자 했습니다. 재상
가문이 왕족과 혼인 관계를 맺기도 했지만, 왕족과 결혼할 수 있는 가문은
몇 개로 한정되어 있었답니다.

근친혼은 왕실이나 귀족 가문뿐만 아니라 일반 서민들 사이에서도
성행했어요. 또 가까운 친척은 아니더라도 같은 성씨끼리 결혼하는 경우도
많았지요. 근친혼이 사라지기 시작한 것은 11세기 문종 임금이 근친혼
금지령을 내리면서부터예요. 하지만 조선 초까지도 근친혼은 여전히
이어졌답니다.

공녀를 피하기 위한 조혼 풍습

고려 말에는 어린 나이에 결혼시키는 조혼
풍습이 나타나기 시작했어요. 조혼이 유행한
것은 원나라에 공녀로 보내지는 것을 피하기
위해서였어요. 전쟁으로 고려를 누른 원나라는
고려에 온갖 공물을 요구했는데, 그중에는
처녀들을 바치라는 것도 있었어요. 고려에서는
해마다 처녀들을 골라 원나라에 보낼 수밖에
없었지요. 그러자 백성들은 딸이 공녀로

혼례식에서 신부가 쓰는 족두리는
고려 말 원나라에서 들어왔어요.

뽑히는 것을 피하기 위해 어린 나이에 시집보내는 방법을 썼답니다.
유부녀는 공녀로 뽑혀 갈 염려가 없으니까요. 당시 공녀로 뽑히는 대상이
14~15세였기 때문에 13세만 되면 서둘러 시집을 보냈습니다.

조선 후기부터 혼례식 때 사용한
청사초롱이에요. 청사초롱이
사용되기 전에는 촛불이나 횃불을
밝히고 혼례를 치렀답니다.

날이 저문 다음 치르는 혼례

혼인할 때 잔치를 열어 친지들을 대접하는 풍습은
여전했습니다. 귀족들은 일부 예물을 주고받았지만,
일반 백성들은 쌀과 술로 충분했답니다. 결혼식은
반드시 날이 어두워진 다음 치렀어요. 남녀가 처음
만나는데 낮에는 쑥스럽다고 생각한 탓이지요. 고려

말에는 유학이 발전하면서 혼인 절차가 갖추어지기 시작했어요. 신랑이 신부 집에 가서 신부를 맞이하는 '친영'이나, 신부가 처음 시집에 가서 시부모에게 인사하는 '견구고례' 같은 절차가 고려 말부터 시작되었답니다.

친영

원래 친영은 신랑이 처가에 가서 전안례만 치르고 신부를 데리고 왔다가 혼인식을 치른 뒤 사흘 후 친정을 방문하는 것이었어요. 그런데 양쪽 집이 너무 멀거나 사정이 있어 오가지 못하는 경우가 많았지요. 그래서 신부 집에서 모든 의식을 치르고 사흘을 지낸 뒤 시집으로 데려가는 방식이 되었답니다.

절차도 까다롭고 제한도 많은 조선의 혼례

조선 시대 들어 혼인은 무척 까다롭고 제한도 많아졌어요. 나이, 신분, 절차 등 걸리는 게 많았지요. 조선에서는 근친혼은 물론이고 같은 성끼리 결혼하는 것까지 법으로 금지했어요. 성이 달라도 같은 조상에서 갈라진 성씨라면 결혼할 수 없었고, 또 결혼식을 마치면 곧바로 여자가 시집에 들어와 살아야 한다고 했어요.

조선 초기까지만 해도 남자들이 결혼 후 처가에서 사는 풍습이 남아 있었어요. 그래서 외가에서 태어나 결혼할 때까지 자라는 사람도 많았지요. 남성 중심의 가부장제 윤리 의식에 젖어 있던 사대부들로서는 이것을 용납하기 힘들었어요. 사대부들은 신부가 혼례 후 바로 시집으로 들어가야 한다고 주장했지만, 오랫동안 내려온 관습을 법으로 고치기는 힘들었어요. 남자들이 처가에 오래 머무는 풍습은 조선 중기까지도 여전했답니다.

결혼은 대를 이어 가문을 유지하기 위한 것

조선 사회에서는 '위로는 조상을 받들고, 아래로는 후손을 잇는 것', 그래서 가문을 번창시키는 것이 무엇보다 큰 가치였어요. 결혼도 이 목적을 위한 것이었고, 늦도록 결혼을 안 하거나 자식을 못 낳는 건 크나큰 죄였습니다. 그러다 보니 조혼 풍습이 더욱 극성스러워졌어요. 조상의 제사를 모시기 위해서, 또 대를 잇기 위해서 빨리 결혼시키고 빨리 후손을 얻고자 한 거예요.

나이 어린 신랑 신부가 혼례를 치렀어요. 고려 말부터 시작된 조혼 풍습은 조선 시대에 더욱 극성스러워졌고, 개화기 이후까지도 쉽게 고쳐지지 않았어요.

힘 있는 가문과 사돈을 맺기 위해 아이가 어릴 때부터 상대를 정해 놓았다가 서둘러 결혼을 시키기도 했고, 심지어는 젖먹이들끼리 약혼을 시키는 경우까지 있었다고 해요. 나라에서는 이런 조혼을 막기 위해 나이에 제한을 두었지만 그다지 지켜지지 않았어요. 나라에서 권한 결혼 연령은 여자의 경우 14~20세 정도였습니다.

나라가 나서서 해결한 결혼 문제

나라에서는 결혼을 늦게 하는 것도 막으려고 했어요. 가난해서 혼인하지 못하는 백성이 있으면 비용을 대 주기도 했지요. 지방 수령들은 자기 관할 구역에 결혼을 하지 않은 사람이 많으면 처벌을 받기도 했답니다. 옛날 사람들은 결혼을 못 한 사람이 죽으면 원귀가 되어 가뭄과 홍수를 일으킨다고 했어요. 그래서 원귀가 생기지 않도록 미리 막아야 한다는 거지요. 하지만 진짜 이유는 인구를 늘리는 게 중요했기 때문이랍니다. 후손을 남겨 가문을 번창시켜야 한다는 유교 의식도 중요했고요.

전통 사회의 결혼은 집안 사이의 만남

옛날, 특히 가문을 중시한 조선 시대에는 결혼을 사랑하는 남녀의 결합이라기보다는 집안과 집안의 만남이라고 생각했어요. 그래서 정작 본인들의 의사는 상관없이 부모들의 의사에 따라 혼인이 결정되었고, 절차에서도 예의와 격식을 중시했습니다.

조선 시대에는 혼인 절차를 예법에 나타난 여섯 단계에 맞추어 진행했어요. 그래서 혼인을 '육례'라고 부르게 되었지요. 결혼은 우선 양가 어른들의 혼담으로부터 시작해요. 여자들의 바깥출입이 어려웠던 때라 양쪽 집을 오가며 중매를 전문적으로 해 주는 사람도 있었습니다. 이것저것 의사를 맞춰 보고 나면 마지막으로 선을 보아요. 남자 쪽 어머니를 비롯한 몇몇 사람이 여자 쪽에 가서 결혼할 여자를 미리 살펴보는 거지요. 본인들이 직접 만나 보는 맞선은 개화기 이후 생겨난 풍습이에요.

김홍도가 그린 〈신행길〉이라는 그림이에요. 신랑이 신부를 맞으러 가는 길에는 항상 청사초롱을 앞세우고 갔어요.

혼인의 증표로 보내는 혼수

혼처가 정해지면 남자 쪽에서 정식으로 청혼을 하고, 여자 쪽에서는 이 청혼을 받아들이면서 혼인 날짜를 정해서 알려 줘요. 날짜까지 정해지면 남자 집에서 혼수를 보내요. 신부에게 혼인의 증표로 주는 건데, 혼수를 함에 담아서 보내기 때문에 '함 보낸다'라고 해요. 함은 노비나 신분이 낮은 사람을 시켜 보냈어요. 이런 사람을 함진아비라고 해요. 신부 집에서는 정성스럽게 함을 받아들이고, 함진아비에게는 음식상을 차려 대접했어요.

함 속에는 노리개, 명주실, 고추 등을 함께 넣기도 했어요.

옛날에는 함을 주고받으면 혼인이 성립한 것으로 봤어요. 심지어는 혼례를 치르기 전에 남자가 죽어도 남편 잃은 여인으로 취급받았다고 해요.

전통 혼례에서는 왜 나무 기러기를 들고 갈까?

신랑이 혼례를 치르러 신부 집에 처음 가는 것을 초행이라고 해요. 신랑은 신부 집에 가면 먼저 나무 기러기를 보자기에 싸서 상 위에 놓고 절을 해요. 이것을 전안례라고 하는데, 전안례는 기러기처럼 평생 서로를 의지하며 절개를 지키겠다는 뜻을 신부에게 전하는 거예요.

화촉을 밝히고 올리는 혼례식

날이 어두워지면 마당에 큰 멍석을 깔고, 교배상을 차려요. 교배상에는 수탉, 흰쌀, 대추 등을 올려요. 교배상 뒤에는 신랑과 신부가 화목하게 살기를 바라면서 〈화조도〉 병풍을 쳤어요. 교배상 위에는 양쪽에 촛불을 밝히고, 대나무와 소나무를 놓고 청실홍실을 걸쳤어요. 이때 붉은색, 파란색 고운 초를 사용했기 때문에 "화촉을 밝힌다."는 말이 결혼을 뜻하는 표현이 되었어요.

교배상 위에 늘푸른나무를 올리는 건 서로에게 정절과 절개를 지키라는 거예요.

조선 시대 그림 〈회혼례첩〉에 나온 결혼식 장면이에요. 이 부부는 혼인 60주년을 맞아 다시 혼례를 올리고 있어요.

맞절로써 부부의 예를 갖추는 교배례

상을 사이에 두고 신랑이 동쪽, 신부가 서쪽에 서요. 드디어 신랑 신부가 처음 만나는 자리예요. 신부가 두 번 절하고 나면 신랑이 한 번 절하고, 이것을 한 차례 더 반복해요. 짝수는 음의 수이고 홀수는 양의 수라고 해서 신부가 두 번, 신랑이 한 번 절하는 거지요. 이렇게 서로 절을 하며 식을 치르는 것을 교배례라고 해요.

예쁜 잔도 많은데 왜 하필 조롱박에 술을 담아 마셔?

조롱박을 반으로 쪼개 만든 이 술잔은 나머지 반쪽이 세상에 단 하나밖에 없거든!

혼례식 때 신랑 신부는 세 차례에 걸쳐 술도 나누어 마셔요. 물론 입만 살짝 대는 거지만요. 이것을 합환주라고 해요.

시댁 식구들에게 인사드리는 폐백

신랑은 혼례식이 끝나면 신부 집에서 사흘을 머문 뒤 신부를 데리고 가요.
이때 신부가 타는 가마에는 잡귀가 얼씬거리지 못하도록 호랑이 가죽을
씌우기도 했습니다. 시댁에 도착하면 신부는 시댁에서 마련한 큰 상을
받고, 사당에 가서 새 식구가 됐노라고 조상들께 절도 올려요. 그리고
시부모를 비롯한 시집 식구들에게도 인사를 하지요. 이것을 '구고례' 또는
'폐백'이라고 하는데, 이 폐백을 통해 비로소 신부는 시집의 새 식구가 되는
거랍니다.

혼인의 마지막 절차는 친정 나들이

신부가 처음으로 친정에 방문하는 일을 '근친'이라고 말해요. 근친 갈 때는
시집와서 처음 농사지은 걸로 음식을 장만해서 갔습니다. 근친을 해야
비로소 혼인 절차가 모두 끝나는 거랍니다. 그래서 예전에는 혼례가 짧게는
수개월에서 길게는 몇 년까지 걸렸습니다.

예식장은 언제 생겼을까

최초의 신식 결혼식은 교회에서 치러졌어요. 이후에는 성당이나 불당에서도 열리며
점차 퍼져 나갔지요. 신식 결혼식을 올리는 사람이 많아지다 보니 종교 시설에서 모두
해결할 수가 없었어요. 그러자 1930년대 결혼식 장소를 빌려 주는 예식장이 생겨났고
이어 결혼식 때 입을 옷을 빌려 주는 가게, 신부 화장을 전문으로 해주는 미용실이
생겨났답니다.

옛날에는 무덤에 왜 그렇게 부장품을 많이 묻었나

무덤을 만들기 시작한 신석기 시대

구석기 시대까지는 사람이 죽으면 별다른 장례 없이 시신을 들판에 내다 버렸어요. 그러다가 신석기 시대가 되면서 무덤을 만들었던 흔적이 나타나요. 얕게 구덩이를 파고 시신을 묻은 다음, 그 사람이 살아 있을 때 쓰던 물건을 함께 넣어 준 것이지요. 때로는 구덩이 주변을 돌로 둘러 놓은 무덤도 있답니다.

지배자의 무덤, 고인돌

청동기 시대에는 고인돌, 돌널무덤, 독무덤 등 새로운 형식의 무덤들이 만들어졌어요. 특히 고인돌은 청동기 시대의 대표적인 무덤으로, 우리나라 전역에서 발견되고 있어요. 고인돌은 그 규모로 보건대 수백 명이 동원되어

탁자식은 기둥 돌을 세워 매장 공간을 만든 다음, 넓고 평평한 덮개돌을 씌운 고인돌이에요. 기반식은 매장 공간이 땅속에 있고 기둥 돌도 낮아요. 탁자식은 북부 지역에서, 기반식은 남부 지역에서 많이 발견돼요.

돌널무덤은 땅속에 넓적한 돌로 상자 모양의 널(관)을 만든 거예요.

만들었을 거예요. 그래서 고인돌은 당시 사회의 지배자나 지도층의 무덤으로 보고 있어요. 그 많은 사람을 동원할 수 있을 만큼 영향력이 큰 사람의 무덤일 거라는 거지요.

살아 있는 사람을 함께 묻는 순장

고대에는 왕, 귀족이 죽으면 부인이나 노비를 함께 매장하는 순장 풍습이 있었어요. 순장은 우리나라뿐 아니라 전 세계에 있던 풍습이랍니다.
순장은 고대인들이 영혼 불멸을 믿었기 때문에 생긴 풍습이에요.
고대인들은 죽음으로 끝나는 게 아니라 이승의 삶이 저승까지 계속 이어진다고 생각했어요. 그래서 살아 있을 때 쓰던 물건들을 그대로 가져가고, 시중을 들 노비도 함께 데려간 거지요. 이승에서 누리던 부와 권력을 저승에 가서도 그대로 누리고 싶어서 말이에요.
신라에서는 왕이 죽으면 남녀 다섯 명씩을 함께 순장했다고 해요.
부여에서는 그 수가 수백 명에 달했다지요.

순장은 어떻게 사라졌을까?

순장은 5~6세기경 사라졌어요. 순장이 사라진 이유는 무엇일까요?
우선 사회가 발전하면서 인명 중시 사상이 싹텄기 때문이에요. 지금 모습이 죽은 뒤에도 그대로 이어지는 게 아니라, 이번 생애를 어떻게 살았는가에 따라 다음에 어떻게 태어날지 결정된다는 불교의 가르침도 크게 영향을 미쳤어요. 게다가 삼국이 팽팽하게 맞서고 있는 상황에서 한 명의 군사라도 살리는 게 중요해지기도 했고요.

무덤에 묻어 준 토우예요. 순장이 없어지면서 사람 대신 흙으로 인형을 만들어 넣어 줬어요.

장례 기간이 일정하지 않았던 삼국 시대

옛날의 상례라고 하면 흔히 삼년상을 생각하지요. 하지만 삼년상이 일반화된 것은 조선 중기 이후의 일이고, 삼국 시대에는 그 기간이 천차만별이었어요. 왕이나 귀족들은 대체로 삼년상을 치렀어요.

이 거대한 무덤은 광개토 대왕의 무덤으로 알려진 장군총이에요. 신분 사회에서는 무덤의 크기, 위치, 구조 등이 신분에 따라 달랐어요. 물론 왕의 무덤을 가장 크고 화려하게 만들었지요.

일부 섬 지역에는 볏짚이나 풀로 만든 초분에 시신을 임시로 묻었다가 뼈를 추려 정식으로 다시 묻는 풍습이 2000년대까지도 남아 있었어요.

시신을 임시로 묻었다가 3년이 지난 뒤에 제대로 된 무덤을 만들면서 탈상을 한 거지요. 부모나 남편이 죽었을 때에도 삼년상을 치렀고요.

하지만 고구려에서는 형제간은 3개월장이었고, 백제에서는 부모나 남편 외에는 장사를 끝내고 곧 상복을 벗었어요. 신분에 따라, 죽은 사람과의 관계에 따라 기간이 다 달랐던 거지요. 삼일장으로 짧게 치르는 경우도 많았답니다.

영혼 불멸을 믿은 고대인들

고대인들은 죽으면 육체는 없어지더라도 영혼은 불멸한다고 믿었어요. 자연을 보면 구름도 없어졌다 다시 생기고 식물들도 끊임없이 새로 생겨나요. 그래서 세상 만물을 길러 주는 대지가 사람도 다시 태어나게 해 줄 거라고 생각했어요. 순장이나 부장품을 잔뜩 묻어 주는 풍습도 이런 믿음 때문이에요. 그래서 고구려 사람들은 무덤에 주인이 평소 생활하던 모습을 똑같이 그려 줬지요. 죽은 조상을 정성껏 모시는 제례 풍속도 조상의 영혼이 계속 후손들을 돌봐 준다는 믿음에서 비롯된 거랍니다.

아들과 딸이 동등하게 제사를 모신 고려

고려에서도 죽은 사람과의 관계가 가깝고 먼 정도에 따라 상복을 다르게 입고, 기간도 달리했어요. 왕이 아닌 사람들은 3일이 지나면 매장하도록 했습니다.

불교가 성행했던 고려 시대에는 불교식으로 화장을 하는 것은 물론, 빈소를 절에 차리는 일도 흔했어요. 죽은 이의 영혼이 극락에 가도록 비는 사십구재와 백일재도 많이 올렸습니다.

상을 치르고 제사를 모시는 데 드는 비용은 아들과 딸이 똑같이 부담했어요. 고려까지만 해도 아들과 딸을 동등하게 생각했고, 재산도 똑같이 물려줬어요. 당연히 딸들도 제사에 참여했지요. 조선에서처럼 아들이 없다고 해서 제사를 모실 양자를 들이는 일 같은 건 없었답니다. 자식이 없을 경우에는 절에서 대신 제사를 모셔 주었으니까요.

통일 신라 시대에 사용하던 뼈 담는 그릇(골호)이에요. 화장 후 뼈만 추려 골호에 두었다가 나중에 매장하는 방식이었는데, 장례 기간이 보통 1년이었습니다.

가장 널리 행해진 100일 탈상제

나라 법에 따르면 부모의 경우에는 삼년상을 치러야 했지만 실제로는 잘 지켜지지 않았어요. 관리들은 부모가 돌아가시면 100일 휴가를 받았는데, 휴가가 끝나고 다시 일을 시작하면 관복을 입어야 했어요. 이런저런 이유로 100일 탈상제가 은연중에 굳어져 갔지요. 그런데 고려 말에 성리학이 들어와 중심 사상으로 자리 잡으면서 삼년상을 주장하는 사람들이 늘어났어요. 집 안에 사당을 짓는 것도 이때 시작된 것입니다.

사당은 조상들의 위패를 모셔 놓는 곳이에요.

조상 모시기가 곧 효를 실천하는 일

조선이 건국되고 새로 제도를 정비하면서 상례와 제례도 유교식 예법에 맞게 고쳤어요. 하지만 오랫동안 계속돼 온 불교식 상례는 쉽게 변하지 않았고, 여전히 화장이 성행했어요.

그러자 나라에서는 불교식을 법으로 금하는 한편, 유교식 예법을 거듭 강조했어요. 유교식 생활 윤리를 강조하던 유학자들은 특히 삼년상과 사당에서 제사 지낼 것을 강조하고 권장했습니다. 조선 시대에는 '효'가 모든 것에 앞서는 절대적인 가치였는데, 유학자들은 예법에 따른 상례와 제례를 엄격히 지키는 것이 곧 효라고 생각했던 거예요.

유학자들로부터 시작된 유교식 절차는 차츰 서민층에까지 퍼져 갔고, 조선 중기 이후에는 민간 풍속으로 자리 잡게 되었습니다.

맏아들이 모시는 제사

사대부들은 집 안에 사당을 짓고 이곳에서 제사를
모셨어요. 제사를 지내는 자격은 원칙적으로 직계
후손, 특히 맏아들에게 주어졌어요. 맏아들이 일찍
죽고 없다면 작은아들이 아닌 맏손자가 지내는 게
순서였지요. 모든 게 맏아들 중심이었고, 재산도
자연스레 제사를 모시는 맏아들에게 물려주는 관습이
생겼어요.

아들이 없을 경우 딸이나 외손자가 제사를 모시기도
했지만 이것은 조선 초기까지만 가능했을 뿐,
나중에는 양자를 들이면 들였지 딸에게는 제사를
맡기지 않았습니다.

위패는 죽은 사람이 살아
있을 때 지낸 지위를 적어
넣은 것으로, 보통 밤나무를
깎아 만들어요. 신주라고도
하지요.

제사를 모시지 않아 박해받은 사람들

이렇듯 조상 받들기를 하늘같이 하던 조선에서 제사를 거부한 사람들이
나타났는데, 조선 후기에 천주교를 받아들인 사람들이었어요. 이들은
종교 교리에 맞추어 신주도 모시지 않고 제사도 드리지 않았어요. 이런
천주교도들이 유학자들 눈에는 거슬렸을 거예요. 결국 국가에서는 천주교
신자들을 박해하기에 이르렀지요. 그래도 천주교는 계속 퍼져 나갔고,
천주교식 의례도 계속 행해졌습니다.

법으로도 바꿀 수 없었던 장례 풍속

일제 강점기에는 정책적으로 시신을 태우는 화장을 권했지만 매장 풍습은 좀처럼 없어지지 않았어요. 조선 총독부는 '의례 준칙'을 만들어 장례를 간소화하려 했지만, 양반들이 거세게 반대했지요. 하지만 도시에서는 복잡한 유교식 상례보다 간소한 기독교식 상례가 널리 행해졌고, 사회 단체가 주관하는 연합장이나 사회장도 나타났어요. 누군가 죽었다는 부고를 신문에 내는 풍속도, 장례에 관한 일을 전문적으로 하는 장의사도 이 시기에 처음 등장했습니다.

떠나는 사람을 소중히 모시는 상례

우리 조상들은 죽음을 끝이 아니라 본래 왔던 곳으로 돌아가는 일이라고 생각했어요. 그래서 어른이 죽으면 '돌아가셨다'고 표현했지요. 죽음이 또 다른 삶의 연장이라고 생각했기 때문에 장례를 정성스럽게 치렀답니다. 사람이 죽으면 맨 먼저 하는 일은 떠나는 영혼을 붙잡는 일이에요. 죽은 사람의 옷을 들고 나가 지붕을 향해 흔들면서 "복, 복, 복!" 하고 외치는 거지요. '복'은 돌아오라는 뜻이에요. 이것을 영혼을 부른다고 해서 '초혼' 또는 복을 외친다고 해서 '고복'이라고 해요.
옛날 사람들은 저승사자들이 와서 죽은 이의 영혼을 데려간다고 믿었어요.

사자상에는 먼 길 가는 데 쓰라고 노잣돈도 약간 올리고, 저승사자들이 신을 짚신도 세 켤레 놓았어요.

그래서 영혼을 잘 데려가 주십사 부탁하며 사자상을 차려 대접했어요.
사자는 세 명이라고 생각했기에 상에는 밥을 세 그릇 올리고 약간의
노잣돈도 올렸어요.

습과 염을 한 후에 입관

초혼과 사자상 차리기가 끝나면 시신이
굳기 전에 간단히 묶어서 칠성판에 눕혀요.
그 앞에 병풍을 치고 상을 차려 놓습니다.
그런 다음, 부고도 전하고 상복도 짓는 등
본격적인 상례 준비에 들어갑니다.
먼저 시신은 깨끗이 목욕을 시키고 수의로
갈아입혀요. 수의를 입힐 때는 옷으로
몸을 둘둘 말고 끈으로 꽁꽁 묶는답니다.
옷을 입히는 '염'과 목욕시키는 '습'을 합쳐
이 절차를 '염습한다' 또는 간단히 줄여
'염한다'라고 해요.

시신을 수습한 후에는 상을 차리고, 그 위에
영혼을 나타내는 혼백을 만들어 올려요. 혼백은
흰 종이를 접거나 세 가지 색깔의 실로 엮어
만드는데, 요즘은 사진으로 대신하고 있어요.

칠성판

칠성판은 시신을 뉘어 두는 널빤지로, 북두칠성을 본떠 구멍 일곱 개를 뚫어 놓은
거예요. 옛날 사람들은 인간의 수명을 북두칠성에 사는 칠성님이 주관한다고
믿었습니다. 그래서 죽으면 다시 칠성님께 돌아간다고 믿어, 시신을 칠성판에 누인
거지요. 지방에 따라서는 시신을 칠성판에 감아 관에 넣기도 했어요.

상복을 입고 조문객 맞이

염을 마친 시신을 관에 넣는 절차가 끝나면 상을 치르는 가족들은 상복으로 갈아입어요. 부모가 돌아가신 경우에는 지팡이를 짚었어요. 부모를 잃고 너무 슬퍼하다 몸이 약해져 몸을 지탱할 수 없음을 나타내는 거지요. 아버지가 돌아가셨을 때는 대나무 지팡이를, 어머니의 경우에는 오동나무 지팡이를 짚었습니다.

상복을 입고 나면 조문객을 맞기 시작했어요. 조문객들은 가는 길에서부터 말을 않고 엄숙한 분위기를 지키며, 화장이나 화려한 옷은 피하는 것이 예의였지요.

부모가 돌아가시면 상복으로 굵은 삼베옷을 입고, 짚으로 만든 새끼줄을 둘렀어요.

제사의 종류

절차가 까다로운 유교 예법에서는 제사의 종류도 무척 많았어요. 우선 장사를 지낸 후 신주를 새로 모실 때까지 매단계마다 수시로 제사를 지내요. 그리고 해마다 돌아가신 날에는 기제(사)를 모시는데, 고조부까지 4대를 모셔요. 그리고 4대조 이상의 조상들은 시제라고 해서 한꺼번에 모신답니다. 명절에는 무덤을 찾아가 성묘하는 묘제를 지내고요.

상여꾼들의 예행연습, 상여놀음

정식 예법에는 없지만 상여가 나가기 전날에는 상여놀음을 했어요. 상여는 시신을 실어 묘지까지 나르는 도구예요. 상여를 지고 갈 상여꾼들이 모여 소리를 하며 노는데, 일종의 예행연습인 셈이지요. 상가에서는 다음 날 힘든 일을 해 줄 사람들이라고 해서 상여꾼들에게 푸짐하게 음식을 대접했습니다.

예전에는 마을 공동으로
상여를 마련해 두고 사용했어요.

관을 묻고 신주 만들기

관을 묻기 위해 묘지로 떠나는 것을 '발인'이라고 해요. 요즘은 돌아가신 뒤 3일째 되는 날 발인을 하지요. 마당에 놓인 상여에 관을 앉힌 다음 발인제를 지내고, 상여를 멘 상여꾼들이 마당을 한 바퀴 돈 다음 관을 묻을

곳(장지)으로 떠납니다. 장지에 도착하면 먼저 간단하게 제를 올린 후 땅을
팠고, 시간을 잘 정해서 관을 묻었어요. 사당에 모실 신주를 만드는 것도
매장 과정에서 했습니다.
관을 내리고, 흙을 덮고, 봉분을 올렸어요. 이렇게 해서 장례가 끝나면
혼백을 사당에 모십니다.

상여가 나갈 때 영혼은 따로 작은 가마에
모시고 갔어요. 때로는 잡귀를 쫓기 위해 방상시
탈을 쓴 사람이 행렬 맨 앞에 서기도 했습니다.

땅을 파고 관을 내려놓을 때는 시신의 머리가
북쪽으로 가도록 해요. 관 위에 흙을 덮을 때는
상주가 맨 먼저 흙을 붓습니다.

삼년상을 치르고 나야 일상생활로

초상을 치르고 나서 첫해에 지내는 제사를 소상, 2주기에 지내는 제사를
대상이라고 했어요.

대상에서 2개월쯤 지나면 담제를 드리고 탈상을 했고, 다시 대상에서
100일 되는 날을 전후하여 모든 절차를 마감하는 길제를 지냈어요. 이
길제까지 마쳐야 상주는 비로소 일상생활로 돌아갈 수 있답니다. 그러니까
삼년상이란 햇수로 따져 3년이고, 엄밀히 말하면 27개월이 걸리는 거지요.

제사는 왜 전날 밤에 지내는 걸까?

제사는 원래 돌아가신 날 첫 시간에 시작해서 닭 울기 전에 끝냈어요. 첫 시간이란 자시,
즉 전날 밤 11시에서 새벽 1시까지를 말해요. 전날 미리 제사를 준비했다가 밤 12시가
넘으면 제사를 드리기 시작했던 거지요. 그런데 현대에는 제사를 모시는 후손들이 따로
살다 보니 그 시간에는 제사를 끝내고 돌아가기가 번거롭고, 격식에 덜 얽매이게
되면서 아예 전날 준비부터 제사까지 마치게 된 거지요.

옛날 학생들도 시험을 봤을까

선사 시대에도 교육은 필요했어

선사 시대에는 문자도 없고 학교도 없었어요. 그렇다고 교육을 하지 않았던 건 아니에요. 교육이라는 구체적인 개념은 없었지만, 그 사회를 유지하고 계속 이어 가기 위해서 다음 세대에게 앞 세대가 습득한 생활 지식이나 기술 등을 전해 주었지요.

고조선은 나라의 형태를 갖추면서 일정하게 체계가 잡힌 사회예요. 도덕과 예의를 중시하도록 가르치고, 경제생활을 위한 농경 지식과 가정생활에 필요한 기술, 군사 훈련 등을 가르쳤어요.

선사 시대의 교육 내용은 소속 집단에서 지켜야 할 태도부터 사냥과 고기잡이처럼 생활에 필요한 기술, 도구를 제작하는 법, 무기를 다루고 전투하는 법 등이었어요.

고구려 태학은 우리나라 최초의 학교

우리나라에 최초로 설립된 학교는 태학으로, 고구려 소수림왕 때인 372년에 세웠어요. 태학은 귀족들을 위한 학교로서 유교 경전과 무예를 함께 가르쳤습니다. 평민들을 위한 학교로는 경당이 있었어요. 국립인 태학과 달리 마을마다 세운 학교로, 최초의 사립 학교인 셈이지요. 중국 기록에 따르면 고구려는 "풍속이 서적을 사랑하여 세력이 있는 집이건 없는 집이건 간에 모두 거리에 큰 집을 지어 경당이라 하고, 혼인 전의 자제들이 여기 모여 독서와 무술을 익혔다."라고 해요.

통일 후에 설립된 신라의 학교

신라의 교육 제도 중 가장 유명한 것은 화랑이에요. 화랑은 귀족 출신의 청소년들이 모인 수련 단체로서 이 중에서 나라에 필요한 인재를 선발했어요. 유학을 교육하는 학교로는 통일 후인 682년에 세워진

당나라에서 유학했던 최치원의 초상화예요.

국학이 있어요. 귀족만 입학할 수 있었고, 연령은 15~30세였어요. 교육 기간은 9년이었지요. 세 과정으로 나누어 유교 경전들을 가르쳤는데, 〈논어〉와 〈효경〉은 필수 과목이었습니다. 어떤 경전을 읽었으며 얼마만큼 그 내용에 능통한가에 따라 학생들의 성적을 세 등급으로 나누어 관리로 뽑는 데 기준으로 삼았습니다.

국학에서 배우는 데 만족하지 않고 당나라로 유학을 가는 신라 사람들도 많았어요.

유교 경전을 공부해야 관리가 되지

고려는 불교의 영향이 강한 사회였지만 정치는 유교 이념에 따라 펼쳤고, 교육의 내용도 유교 사상을 배우는 것이었어요. 나라에서 교육 기관을 설치한 것도 나라의 정치를 담당할 인재를 길러내기 위한 것이었습니다. 관리가 되려면 누구나 유교 경전을 공부해 과거 시험을 치러야 했지요. 과거 제도는 광종 임금 때인 958년, 중국 후주 출신의 학자 쌍기의 건의를 받아들여 실시했어요.

고려 시대의 종합 대학, 국자감

고려에서 교육의 중심 역할을 담당한 것은 국자감이었어요. 국자감은 992년 수도인 개경에 설치한 일종의 종합 대학이에요. 국자감 안에는 다시 여러 개의 단과 대학이 있었는데 교육 내용은 유교 경전을 중심으로 한 것이었지요. 〈논어〉와 〈효경〉은 모든 학생들이 공부해야 하는 필수 과목이었고, 연말이면 박사와 조교들이 학생들의 성적을 평가하여 발표하기도 했습니다. 국자감과는 별도로 법률, 산수 등을 가르치는 기술 교육 기관도 있었지만 그다지 중요시되지는 않았어요.

〈논어〉는 유교의 시조인 공자의 언행을 기록해 놓은 것으로 유학을 공부하는 모든 학생이 반드시 공부해야 하는 과목이었어요.

〈논어〉와 함께 유학의 중요한 경전 가운데 하나인 〈맹자〉예요. 〈맹자〉는 공자와 함께 유교의 대표적인 성인으로 꼽히는 맹자의 언행을 적은 책이에요.

중등 교육을 담당한 향교와 학당

국자감이 대학이라면 그 전 단계인 중등 과정은 전국에 설치된 향교에서
담당했어요. 향교는 국자감보다 늦은 인종 임금 때인 13세기부터
세워졌습니다. 향교에서는 교육은 물론, 유교의 시조인 공자와 다른
성현들에 대한 제사를 모시는 일도 했습니다. 그리고 향교에서 공부한 학생
중 성적이 우수한 사람은 국자감에서 공부할 수 있도록 했어요. 향교와
같은 수준의 학교로 개경에 학당이 있었습니다.

과거 시험 준비에는 사학이 더 유리해

고려 시대의 학자인 최충은 관립 학교의 교육이 부진한 것을 개탄하며
개인적으로 서당을 설치하고 학생들을 가르쳤어요. 최충의 구재학당처럼
훌륭한 학자가 세운 사학에는 젊은 학생들이 많이 몰려들었어요.
사학의 선생들이 국자감 선생보다 훌륭한 경우가 많았고, 대부분 과거
시험관 출신이었어요. 과거를 보아 관리가 되기 위해 공부하는 학생들
입장에서는 사학에서 공부하는 것이 훨씬 유리했답니다.

조선 시대 초기의 과거 시험 답안지예요. 과거 시험에는 경전의 뜻을 풀이하거나
나라 살림에 보탬이 되는 방안을 묻는 문제가 많았어요.

기초 교육을 실시하는 서당

조선 시대의 학생들은 서당에서부터 공부를 시작했어요. 서당에서는 보통 8~9세에서 15~16세까지 공부했어요.

힘 있고 부유한 집안에서는 훈장을 집으로 모셔와 어린 자식들을 교육시켰지만, 보통은 마을에서 계를 조직하여 마련한 경비로 서당을 세웠어요. 서당 운영 비용은 계에서 나오는 것으로 해결했기 때문에 따로 수업료를 내지는 않았어요. 훈장에게는 양식과 땔나무, 의복을 대 주는 정도였어요. 학생이 책을 한 권 다 배우고 나면 부모가 '책거리'라고 해서 간단한 잔치를 베풀거나, 계절에 따라 별식을 제공하기도 했어요.

김홍도가 그린 〈서당〉. 서당에서 공부하는 방법은 보통 배운 글을 소리 높여 읽고 그 뜻을 묻고 답하는 식이었지요. 그런 다음에는 그 글을 외우는 거예요.

최초의 교과서는 무엇일까?

우리나라에서 어린이 교육을 위해 펴낸 최초의 교과서는
〈동몽선습〉이에요. 〈동몽선습〉은 명종 임금 때 유학자 박세무가 지은
것으로, 서당 학동들이 〈천자문〉을 배운 다음 공부했습니다. 내용은

〈동몽선습〉

임금에 대한 충성, 부모에 대한 효, 친구
사이의 믿음 등 유교의 기본 덕목을 설명한
것이었어요. 중국과 우리나라의 역사도
서술해 놓았지요. 끝에는 여러 경전에서
여자아이들의 교양에 필요한 문구를 뽑아서
옮겨 놓기도 했습니다.

여성 교육은 집안에서

전통 사회에서 여자들 교육은 주로 어머니가 맡았는데, 음식 만들기나 바느질처럼 집안
살림에 관한 것이 대부분이었어요. 간혹 일부 양반집에서는 <내훈>이나 <소학> 같은
것을 가르치기도 했어요. <내훈>은 성종 임금의 어머니인 소혜 왕후가 부녀자들을
위해 지은 한글 책으로, 부모 모시기와 남편 돕기 등이 중심을 이루었어요. <소학>은
어린아이들에게 유교 윤리를 가르치기 위한 것으로 일상생활의 예의범절, 충, 효 등에
관한 내용이 실려 있어요.

현실에 맞는 문자 교육을 위한 책

학생들은 처음에 〈천자문〉으로 한문을 배운 다음 〈동몽선습〉, 〈통감〉,
〈사략〉 등을 공부하며 본격적인 글공부를 준비했어요. 그런데 〈천자문〉은

중국에서 만들어진 데다 내용이 직접 글자를 배우는 학생들의 실생활과
동떨어진 것이었어요. 이에 따라 조선 중종 임금 때인 1527년에 최세진이
우리 현실에 맞는 학습서인 〈훈몽자회〉를 펴냈어요. 짐승, 나무의 이름처럼
실제 쓰이는 글자 위주로 책을 엮어 어린 학생들이 쉽게 글을 익히도록
했습니다.

고을마다 설치된 향교

서당 공부를 마치면 오늘날의 중, 고등학교에 해당하는 사학이나 향교에
입학했어요. 사학은 한양의 네 곳에 설치했던 국립 학교예요. 조선 시대
최고의 교육 기관인 성균관의 예비 학교로, 운영도 성균관에서 맡았어요.
향교는 각 지방마다 설치되어 있던 교육 기관으로 학생 정원은 고을 크기에
따라 정했어요. 경비는 원칙적으로 나라에서 대 주었지만, 실제로는 지방
유력가들의 지원을 받는 일이 많았어요.

성균관에는 어떤 사람이 입학했을까?

향교에서 공부를 마친 학생들은 대학에 해당하는 성균관에 진학했어요.
유생들은 성균관에서 공부한 후 문과(대과) 시험에 합격해야만 최종 목표인
관리가 될 수 있었지요. 성균관에는 아무나 입학할 수 없었어요. 3년마다
치르는 과거 시험 중 하나인 '소과'에 합격해 생원이나 진사가 되어야만
성균관에 입학할 수 있는 자격이 생겼습니다.

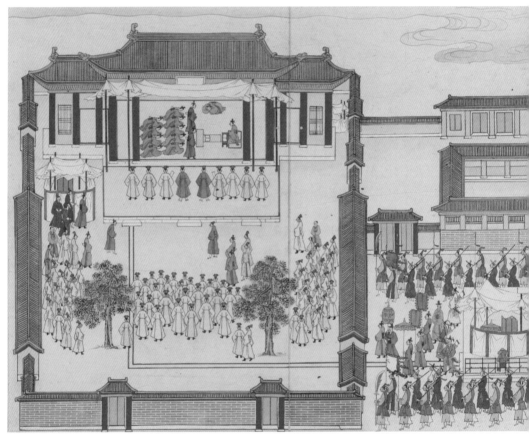

조선 후기 순조 임금의 아들인 효명 세자의 성균관 입학 장면을 그린 〈왕세자입학도〉예요. 왕이나 왕세자도
공부를 게을리할 수는 없었어요.

매일 시험을 치렀던 성균관 유생들

성균관을 운영하는 비용은 나라에서 준 땅과 노비를 이용해서 마련했기 때문에 학비는 없었어요. 유생들은 기숙사에 살며 엄격한 생활 규칙을 지켰지요. 하지만 나라에서 잘못하는 일이 있다고 생각될 때는 단식 투쟁이나 수업 거부 같은 단체 행동도 서슴지 않았어요.

학생들은 시험을 수시로 치렀어요. 성적을 매기는 시험은 매일, 열흘마다, 월말에, 학년 말에 치르는 네 가지가 있었지요. 성적은 경전을 얼마나 잘 이해했는가에 따라 네 등급으로 나누었습니다.

지방에 세워진 사립 학교, 서원

나라에서 운영한 성균관과 함께 지방에서 고등 교육을 담당한 기관으로 서원이 있었어요. 국가에서는 서원이 학문 발전에 이바지한 공로를 인정하여 책, 토지, 노비 등을 주며 지원했어요. 서원은 점점 늘어나 조선 후기에는 전국에 수백 개나 되었습니다. 서원은 서적을 수집, 보관하고 보급하는 역할도 했어요. 지방에서 일종의 도서관 역할을 했던 거지요. 서원에는 생원, 진사들이 주로 입학했는데, 유생들의 출석을 확인하고 성적을 평가하는 생활 기록부도 적었어요.

최초의 서원은 1543년 풍기 군수 주세붕이 세운 백운동 서원(나중에 소수 서원으로 이름 바꿈)이에요.

왕은 누가 가르쳤을까?

홍문관의 학자들이 왕에게 강의를 했는데 이것을 '경연'이라고 해요. 홍문관은 세종 때
있던 집현전을 성종이 이름을 바꿔 다시 세운 학문 연구 기관이에요. 강의는 아침에
실시하는 것이 원칙이었고, 점심과 저녁까지 세 차례 하는 경우도 많았어요. 주로 배우는
내용은 4서 5경을 비롯한 유교 경전과 역사 등이었어요. 왕은 경연에 나가 공부를
마치고 나면 대신들과 함께 나랏일을 의논하는 시간을 가졌습니다.

조선의 기술 교육

조선에서는 천문, 의학, 법률, 수학, 외국어
등을 잡학으로 분류했어요. 유교가 워낙
중시되던 시대라 잡학은 대수롭지 않게
취급되었지요. 그래서 잡학은 양반 자제들은
거들떠보지도 않았고, 대개는 중인 자제들이
배웠어요. 교육 기관도 따로 없어서, 그 기술이
필요한 관청에서 담당해 가르쳤습니다.

조선 시대에 쓰던 수학 교과서
〈산학계몽〉이에요.

새로운 지식을 받아들인 개화기

19세기 말 서양 세력이 밀려오자 우리나라에서도 새로운 지식을
받아들여야겠다는 생각이 싹텄어요. 이에 따라 유교를 가르치는 기존의
학교와는 다른 새로운 교육 기관이 필요해졌지요. 우리나라에 처음 세워진
근대식 학교는 1883년 설립된 원산 학사예요. 원산은 강화도 조약 후
맨 처음 개항된 곳으로서 외국 세력에 맞설 필요성을 일찍부터 느꼈던

곳이지요. 원산 학사는 지역 사람들이 기금을 모아 세웠답니다. 나라에서는 외국과의 접촉이 늘어나자 외국어를 가르치기 위해 동문학(1883년)과 육영 공원(1886년)을 설립하고 미국인 교사를 초빙했습니다.

외국인 선교사가 시작한 학교 설립

우리나라에서 근대 학교를 세우기 시작한 것은 주로 미국 선교사들이었어요. 배재, 이화, 경신 등이 그런 학교들이지요. 그러자 우리 교육을 외국인들에게만 의존해서는 안 된다는 뜻을 가진 사람들이 학교를 세우기 시작했어요. 학교 세우기 운동은 서울뿐 아니라 지방에도 널리 번져서 1910년에는 전국에 사립 학교가 3,000개나 되었습니다.

외국과의 접촉이 많아지면서 개화기 학생들은 외국어를 배우는 데 열심이었어요.

최초의 여학교, 이화 학당

근대 교육에서 나타난 가장 큰 특징이라면 여자들도 학교에 다니기 시작했다는 거예요. 조선 시대까지만 해도 여자들은 제대로 된 교육을 받기 힘들었지요. 맨 처음 생긴 것은 미국인 선교사 스크랜턴 여사가 세운 이화 학당이에요. 당시만 해도 여자가 공부하는 것을 부정적으로 생각하던 때라 학생을 모으기가 힘들었다고 해요. 이화 학당이 생긴 이후 진명, 숙명, 정신, 배화 등 여성을 위한 학교들이 계속 생겼어요.

이화 학당에서 여학생들이 수업을 받는 모습이에요.

교육을 통해 나라 발전을 꾀한 근대

1895년 나라에서는 "교육을 통하여 나라를 일으킨다."라는 내용의 교육 조서를 발표하는 한편, 근대식 학교 제도를 만들었어요. 비로소 근대 교육이 제도적으로 정비된 것이지요. 새로운 제도에 따라 교사를 양성하기 위한 한성 사범 학교가 생겼고, 계속해서 6년 기간의 소학교가 설립되기 시작했어요. 정식으로 교육 과정에 맞추어 교과서를 펴낸 것도 이때부터랍니다.

옛날 학생들은 어떤 학용품을 썼나

옛날에는 공부라고 하면 책을 읽고 글을 쓰는 것을 말했어요. 학생들이 쓰는 학용품도 글쓰기에 필요한 것이 대부분이었고, 글공부하는 방에서 쓰는 도구라 하여 문방구라고 했어요.

벼루는 먹을 갈아 먹물을 내는 데 쓰는 도구예요. 대개는 돌로 만들지만 때로는 도자기나 금속으로 만들기도 했어요. 고려 시대에는 청자로 만든 벼루까지 썼답니다. 먹은 소나무나 식물의 기름을 태워서 생긴 그을음 가루에 아교를 섞어 굳힌 거예요. 벼루에 물을 붓고 먹을 갈아서 사용하지요.

벼루는 사각형, 원형, 타원형 등
여러 가지 형태로 만들고 갖가지 문양을 새겨
시대마다 독특한 아름다움을 보여 주는 것이 많아요.

먹 중에는 표면에 아름다운 무늬를
장식한 것도 많답니다.

못 쓰게 되면 땅에 묻어 주었던 붓

붓은 붓털에 먹물을 묻혀 글씨를 쓰는 도구예요.
붓털은 토끼, 너구리, 수달, 족제비, 말 등 동물의
털을 사용했는데 그중에서도 족제비 털을 최고로
쳤습니다. 붓대는 대나무를 주로 썼고요.
붓은 필통에 꽂아 두거나 필가에 걸어 두었어요.
옛날 사람들은 붓을 소중하게 여겨서 필가에 크고
작은 붓을 여러 개 걸어 두고 바라보며 즐기기도
했어요. 못 쓰게 된 붓은 땅에 묻어 주기도 했답니다.

붓과 필가

166

질이 좋기로 소문난 우리나라 종이

종이는 주로 닥나무의 섬유질을 이용해 만들었어요. 우리나라에서는 600년 경부터 종이를 만들어 썼습니다. 고려 시대에는 우리나라 종이가 중국에서 고려지라고 하여 크게 인기를 끌기도 했지요. 조선 시대에는 종이 수요가 크게 늘어나 닥나무는 물론 소나무, 무궁화, 뽕나무 등으로도 종이를 만들었답니다.

휴대용 문방구

선비들은 휴대용 문방구를 지니고 다니기도 했어요. 필갑이라는 작은 상자에 벼루, 먹, 붓을 넣고 다니다가 밖에서 글을 지을 일이 생기면 꺼내 썼어요. 따로 붓만 넣어 가지고 다니는 필낭이라는 주머니도 있었지요.

필갑

옛날 사람들은 어디에서 장을 봤을까

다른 지역끼리 물건 바꿔 쓰기

신석기 시대에는 사람들이 해안이나 강변에 모여 살았지만, 청동기 시대부터는 농사가 중심이 되면서 내륙 지방에서 주로 살게 되었어요. 내륙에 살던 사람들은 소금을 구하기가 힘들었어요. 그래서 바닷가 사람들에게서 소금을 구하고 대신 곡식, 동물, 옷감 같은 것들을 주었습니다.

청동기나 철기를 만드는 재료도 중요하게 거래되었어요. 삼한 시대에 변한에서는 철을 생산해 다른 나라에 수출까지 했다고 해요. 지금처럼 이익을 목적으로 물건을 만들어 파는 방식은 아니었지만 서로 필요한 물건을 구하는 활동이 이루어진 거예요.

제단을 중심으로 형성된 시장

고대 사회에서는 하늘에 제사 지내는 일이 무척 중요했어요. 자연환경이 좋은 것도, 재해가 발생하는 것도 모두 하늘의 뜻이라고 생각해서 정성껏 하늘에 제사 지냈지요. 넓은 터에 제단을 차리고 의식을 치를 때면 그 주변으로 많은 사람들이 모여들었어요. 사람이 많이 모이다 보니 서로 정보도 주고받고 자연스럽게 물건 거래까지 이루어졌어요. 제단을 중심으로 시장이 형성된 거예요.

역사 기록에 보이는 우리나라 최초의 시장은 신라 소지왕 때인 490년 경주에 설치한 '경시'예요. 경시는 나라에서 설치한 시장으로, 관청에서 쓸 물건을 공급하는 것이 주된 임무였어요. 신라 부녀자들은 경시에 모여 서로의 생산물을 바꾸었다고 해요.

국제 무역이 활발했던 통일 신라

우리나라는 예로부터 지리적으로 가까운 중국, 일본과 지속적으로 교역을 했어요. 특히 통일 신라 때는 중국과 무역이 활발해졌지요. 8세기 이후에는 중국 곳곳에 신라방이라는 자치 구역까지 생겨났어요. 신라 사람들은 이곳에 터를 잡고 중국은 물론 페르시아나 아라비아의 상인들과도 교역을 했고, 일본까지 드나들면서 국제 무역에서 큰 역할을 했습니다.

개경에 설치된 상설 시장

시장이 제대로 모습을 갖추고 제 역할을 하기 시작한 것은 고려 시대부터예요.
고려는 건국 초기에 수도인 개경과 평양에 '시전'을 설치했어요. 시전은
매일 문을 여는 상설 점포였고, 나라의 통제를 받았습니다. 시전 상인들은
장사를 하는 대신 관청에서 쓸 물품을 세금으로 바쳤어요. 시전에서는 농촌의
수공업자들로부터 물건을 공급받아 도시 사람들에게 판매했어요. 거래 품목은
비단, 공예품, 해산물, 약재, 농산물 등이었어요.

고려에서 비롯된 '코리아'

고려 시대에 무역은 송나라 상인들이 고려에 와서 거래하는 방식이었는데, 고려 물건이
서양에 소개되어 인기를 끌면서 고려라는 나라가 널리 알려지게 되었어요. 우리나라를
외국에서 '코리아'라고 부르는 것은 이때 '고려'라는 이름으로 알려졌기 때문이랍니다.

일정한 날마다 열린 시골 장

큰 도시와 달리 지방에서는 매일 장이 설 만큼은 상업이 발달하지 못했어요.
일정한 날마다 장이 서서 농민들이 필요한 물건을 구하는 정도였지요.
장이 서는 곳은 교통 중심지로, 주변 지역 사람들이 하루에 왕복할 만한
거리에 있었습니다. 거래되는 물건도 팔기 위해 생산한 것이라기보다는
여유가 있는 물건을 들고 나와 자기에게 필요한 다른 물건과 바꾸어 가는
정도였어요.

불교 사원에서 물건 거래하기

사원도 중요한 장터 역할을 했어요. 사원에서 불교 행사를 하면 많은
사람이 모여들기 때문에 자연스럽게 이것저것 들고 나와 거래가
이루어졌던 거지요. 특히 팔관회 같은 국가 차원의 큰 행사가 열릴 때면
중국의 상인들까지 찾아오곤 했습니다. 고려 시대에는 사원의 수도 많고
규모도 컸기 때문에 이곳에서 거래되는 물품만 해도 상당했어요. 사원은
상업과 유통을 장악하여 크게 이윤을 남기기도 했어요. 사원에서는
불교용품과 곡물은 물론 파, 마늘, 술까지도 판매했어요. 그리고 사원에서
필요한 쌀이나 재목 등을 사들였지요.

상업을 억제한 조선 초기

조선은 농업을 중시한 반면 상업과 수공업은 억제하는 정책을 폈어요.
유학자들은 실제 생활하는 데 쓰이는 것은 오로지 토지에서만 나오는

것이라고 생각했어요. 힘써 땅을 갈고 곡식을 가꾸어 생산한 것만이 진정한 부라고 생각한 거예요. 그런데 상업은 물건과 물건을 거래하여 이윤을 얻는 일이에요. 유학자들은 몸을 써서 고되게 일하지 않으면서도 이윤을 챙기는 것은 인간을 타락시킬 위험이 높다고 생각했어요. 그래서 꼭 필요한 상업은 허락하더라도 철저하게 국가의 통제 아래 두고자 했답니다.

김홍도의 〈행상〉이라는 그림이에요. 곳곳에 물건을 가지고 다니며 파는 행상은 시장이 형성되기 전부터 있었답니다.

독점 판매의 특권을 누린 시전

조선은 한양으로 도읍을 옮긴 직후 상설 시장인 '시전'을 설치하고 상인들에게 빌려주었어요. 시전에서는 점포별로 상품을 하나씩 취급했어요. 그리고 시전 상인들 이외에 개인이 마음대로 장사하는 것은 일절 금지되었어요. 시전 상인들은 자신이 파는 품목에 대해 독점권을 인정받은 거예요. 그 대신 시전 상인들은 세금으로 나라에 필요한 물품을 대 주었습니다.

오일장으로 모습을 갖춘 장시

고려 시대부터 형성되기 시작한 장시(정기적으로 열리는 시장)는 조선 시대 들어 더욱 정비되면서 날짜도 5일 간격으로 정착되었어요.

한때 나라에서는 백성들이 농업을 버리고 상업에만 힘쓸까 염려해 장시를 금하기도 했어요. 하지만 장시는 날로 번성하며 16세기에는 농촌 시장으로 정착되었어요.

김경희의 〈장터〉(2012). 장시는 농민들이 필요한 물품을 구하는 곳이자 수공업자들이 생산품을 내다 파는 곳이었어요. 장시에서는 솜옷, 농기구, 곡물, 그릇, 솥, 달걀, 미역, 소금, 숯, 칼 등 온갖 물품이 거래되었습니다.

임진왜란 이후 본격화된 무역

조선 초기에는 다른 나라와 무역을 별로 하지 않았어요. 중국은 이웃 나라에서 조공을 바치면 거기에 대한 답례를 주는 방식으로 무역을 했는데 조선에서는 조공을 줄이기 위해 노력했기 때문에 자연히 무역이 줄어든 거예요. 그러다가 임진왜란 이후 부족한 물자를 메우기 위해 중국과의 무역량을 늘렸어요. 법적으로는 공무역만 허락되었지만 개인이 중국 상인과 거래하는 사무역도 활발해졌어요.

18세기 초 나라에서는 이런 사무역들을 모두 허락해 주었어요. 세금을 받기 위한 것도 있었지만, 사무역의 규모가 워낙 커지다 보니 모든 무역을 국가가 관리한다는 정책을 포기하게 된 거지요.

도시의 변화와 상업의 발달

조선 후기에는 땅을 잃고 고향을 등지는 농민들이 많아졌어요. 전쟁으로 농토가 황폐해져서, 농업 기술 발달로 농사에 필요한 일손이 줄어들어서, 지나친 세금을 견디지 못해서 등의 이유로 고향을 떠난 거예요.

농민들은 품팔이라도 하기 위해 서울로 몰려들었어요. 서울에는 이들을 상대로 장사하는 행상들이 늘어났고, 처음부터 시장에 내다 팔 목적으로 작물을 재배하는 사람들도 생겼어요.

나라에 세금을 내고 장사하던 시전 상인들은 이 행상들을 '난전'이라며 탄압했어요. 나라에서도 여러 차례 난전을 금지했고요. 하지만 난전은 갈수록 커져서 숭례문 밖의 칠패와 흥인문 부근의 이현이라는 곳에는 커다란 장이 서기에 이르렀지요. 결국 나라에서는 시전의 특권을

조선 시대 화가 김준근이 그린 〈객주〉. 객주는 상인들에게 돈을 빌려주거나 예금을 받는 등 일종의 은행 같은 일을 했어요.

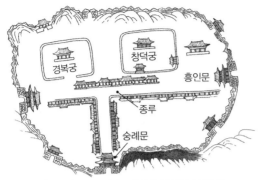

없애고 모든 상업 활동을 자유롭게 허가했습니다. 서울은 물론 농촌 지역의 장시도 활기를 띠었어요. 18세기 초에는 전국에 1,000여 개 장이 설 정도로 번창했고, 그중 큰 장은 상설 시장으로 발전했어요.

시전은 종루(지금의 보신각 근처)를 중심으로 길 양쪽에 상가를 지어 설치했어요. 동쪽으로는 흥인문까지, 남쪽으로는 숭례문까지 이어지는 시장 거리였지요.

상품 작물을 재배하기 시작한 농촌

상업이 활발해지자 도시 근처의 농촌에서는 상품으로 팔기 위해 작물을 재배하는 곳이 많아졌어요. 상품 작물은 곡류가 중심이었지만 지방별로 특산품도 많이 생산했어요. 이천과 여주의 쌀, 안동과 한산의 모시, 개성의 인삼 같은 것이 그것이지요. 이런 특산품들은 생산자가 직접 장에 나가 팔기도 하고 상인에게 넘겨주기도 했습니다.

전국 규모의 상권이 형성된 조선 후기

장시가 발달하자 행상들의 활동도 활기를 띠었어요. 행상을 보부상이라고도 하는데 봇짐장수(보상)와 등짐장수(부상)를 합쳐서 부르는 말이에요. 등짐장수는 옹기, 소금, 방망이, 짚신 같은 수공업품을 주로 팔았어요. 반면에 봇짐장수는 화장품, 세공품처럼 부피가 작고 값비싼 물건을 취급했습니다. 보부상들은 전국을 다니면서 여러 지역의 특산물을

이동시키는 데 큰 몫을
담당했어요. 보부상들이
활발하게 움직이면서 행정과
군사 목적으로 설치된 도로가
더욱 정비되고 늘어나면서
교통 발달을 촉진했습니다.

조선 시대 오명현의 〈독 나르기〉 속 등짐장수

상업 발달과 탈놀이

조선 후기에는 상업이 발달하면서 기존의 시전 상인들과는 달리 개인적으로 상업에
종사하는 상인들이 생겨났어요. 이 상인들은 의정부, 송파, 마포, 용산처럼 서울로
들어서는 길목을 거점으로 삼았어요. 이들은 시전 상인들처럼 독점권을 누릴 수가
없었어요. 그래서 직접 생산지에 가서 물품을 모아 오기도 하고, 적극적으로 손님들을
불러 모았어요. 송파 지역의 상인들은 손님을 끄는 방법으로 놀이판을 벌였어요.
상인들끼리 돈을 모아 놀이패를 고용해 장터의 분위기를 띄운 거지요. 이것이 바로
'송파 산대놀이'예요. 의정부의 상인들도 재미있는 놀이판을 벌였으니, 이것이 '양주
별산대놀이'랍니다.

어서 오세요!

전국 팔도의 물건이
다 있어요!

옛날에는 계산을 어떻게 했을까?

삼국 시대 이후 우리나라에서는 산가지를 이용해 계산을 했어요. 산가지는 젓가락처럼 만든 대나무 가지를 늘어놓아 숫자를 표시하고, 이것을 이용해서 계산하는 거예요. 그런데 산가지 계산은 국가 기관이나 일부 사대부들만 사용했고, 일반 백성들은 노끈이나 새끼줄에 매듭을 매거나 나무에 금을 그어 숫자를 표시하는 방법을 썼어요. 반찬 가게나 술집 같은 곳에서는 외상을 줄 때 장부를 적는 대신 막대기에 금을 그어 표시해 두곤 했어요.

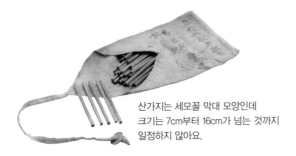

산가지는 세모꼴 막대 모양인데 크기는 7cm부터 16cm가 넘는 것까지 일정하지 않아요.

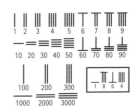

산가지로 숫자를 표시할 때 일·백·만 단위는 막대를 세로로, 십·천·십만 단위는 가로로 놓는데, 6부터는 5를 한 단위로 삼아서 위에 직각으로 놓았어요.

16세기에 중국을 통해 우리나라에 들어온 주판은 임진왜란 때 일본으로 건너가 널리 쓰이기 시작했어요. 주판은 원래 아래 다섯 알, 위 두 알로 된 것이었는데 일본에서 아래 네 알에 위 한 알짜리로 개량했지요. 이렇게 바뀐 주판이 일제 강점기에 다시 우리나라로 들어와 쓰였어요.

도량형은 길이·무게·부피

물건을 사고팔 때는 길이를 재거나, 무게를 달거나, 부피를 재서 팔았어요. 도량형이란 바로 이런 길이·무게·부피 내지는 이것을 측정하는 도구들을 일컫는 말이에요. 그런데 우리나라는 오랫동안 농업을 중심으로 생활해 왔기 때문에 상업이 그다지 발달하지 못했어요. 상업 활동이 적다 보니 상거래에 많이 쓰이는 도량형 도구가 발달할 기회도 적었어요.

곡식을 잴 때는 '되'나 '말'을 사용했어요. 한 말은 열 되에 해당하고, 한 되는 현재 쓰는 단위로 바꾸면 2리터 정도예요.

저울은 무게 중심의 원리를 이용한 기구예요. 눈금이 새겨진 막대 한쪽에 무게를 나타내는 추를 매달고 반대쪽에 물건을 매달아요.

덤통을 따로 가지고 다닌 장사꾼들

도량형은 시대에 따라, 장소에 따라 들쭉날쭉했어요. 똑같이 '한 되'라고 해도 지방마다 실제 양은 다 달랐지요. 또 양을 정확하게 재서 파는 경우가 별로 없었어요. 되에 곡식을 담을 때에는 수북수북 쌓아 넘치도록 담고, 무슨 물건이건 간에 으레 덤으로 조금씩 더 주곤 했어요. 소금 장수나 새우젓 장수는 아예 덤통을 따로 가지고 다녔을 정도랍니다.

물건의 단위

길이, 무게, 부피 말고 물건에 따라 독특한 단위를 사용하기도 했어요. 시금치나 파는 '단'으로 묶어서 거래했어요. 마늘, 감, 참외 등은 한 접이 100개이고, 굴비는 한 두름이 20마리예요. 김은 40장이나 100장을 한 톳이라고 하지요. 종이는 20장을 한 권이라고 했답니다.

물물 교환의 기준이 필요해

필요한 물건을 구하는 최초의 방법은 물물 교환이었어요. 그런데 물물 교환을 하다 보니 불편한 점이 한두 가지가 아니었어요. 무거운 물건을 일일이 지고 다녀야 했고, 생선처럼 쉽게 상하는 것도 있었어요. 서로 바꾸려는 물건 종류가 안 맞기도 했고요.

그러자 사람들은 교환을 쉽게 해 주는 방법을 생각해 냈어요. 소금, 조개껍데기, 가죽, 옷감, 동물 뼈, 농기구 같은 것으로 물건값을 정해 사용한 거예요. 일종의 화폐를 만들어 낸 것이지요.

물물 교환은 서로 원하는 물건을 가진 사람들끼리 맞바꾸는 식이었지요.

화폐 역할을 했던 것들

청동기 시대 이후에는 금속이 돈의 역할을
하게 되었어요. 진한에서 철을 일본과 낙랑에
수출했다는 기록이 보이는데, 당시에는 철이
화폐처럼 교환 수단으로 쓰였던 걸로 보여요.
동옥저와 신라에서는 금과 은으로 무늬 없는
동전을 만들어 사용했다는 기록이 있어요.
하지만 화폐를 만들었다는 기록만 보일 뿐
구체적인 것은 알 길이 없답니다.

조개껍데기는 오래전부터 전 세계에서 화폐로
사용했어요. 중국에서도 기원전 3000년경부터
조개껍데기를 화폐로 사용했답니다. 한자 중에
돈과 관련된 말에 조개 패(貝) 자가 들어가는 건
그래서지요.

칼 모양의 중국 화폐인
'도전'이 우리나라에서도 출토되었어요.
중국과 교역을 하면서 중국 화폐가 들어온 거예요.

물품 화폐를 사용한 삼국 시대

삼국 시대에는 쌀 같은 곡류나 베, 모시 등을 화폐로 사용했어요. 쌀과
베로 나라에 세금도 내고 물건을 구입하는 데도 사용한 거예요. 490년에
설치된 신라의 경시에서는 사람들이 쌀로 물건을 구했다고 합니다. 쌀과
베는 오랫동안 화폐 역할을 했고, 국가에서 화폐를 만들어 유통시킨 고려
이후에도 계속 사용되었어요. 외국과 교역을 할 때는 금액이 컸기 때문에
금과 은으로 값을 치렀습니다.

최초의 화폐는 무엇일까?

고려가 세워지고 나라의 기틀이 잡혀 가면서 농업과 수공업이 발달하고, 이에 따라 상업도 활발해지기 시작했어요. 나라에서는 상업을 더욱 발전시키고 재정을 늘리려면 화폐가 필요하다고 생각해 996년에 건원중보를 만들었어요. 하지만 건원중보는 도시에서 잠깐 쓰이다 곧 사라지고 말았어요. 사람들이 오랜 세월 쌀과 베로 거래하는 데에 익숙해진 데다, 굳이 화폐를 사용해야 할 정도까지 상업이 발달하지는 않았기 때문이었지요.

건원중보에서 '건원'은 중국에서 사용한 연호로, 중국의 건원중보를 본떠서 만들었기 때문에 이런 이름이 붙었어요. 앞 모양은 중국의 건원중보와 같지만 뒷면에 동국이란 말을 새겨 우리나라 화폐임을 표시했습니다.

의천이 화폐 사용을 건의한 이유

12세기 초, 대각 국사 의천은 숙종에게 다시 화폐를 발행하자고 건의했어요. 화폐를 잘 활용하면 백성들 생활이 안정되고 나라가 부강해진다는 거였지요.

의천은 왜 이런 주장을 했을까요? 쌀과 베는 실생활에 사용되는 물건들이에요. 그런데 이것을 화폐로 쓰다 보니 물자가 부족해질 위험이 있었어요. 나쁜 사람들이 쌀에 흙을 섞거나 베의 질을 떨어뜨릴 염려도 있었고요. 그런데 실생활에 쓰이지 않는 구리로 동전을 만들어 쓰면 이런

전남 순천 선암사에 있는 대각 국사 의천의 초상화예요. 의천은 문종의 아들로 어린 나이에 승려가 되었어요. 중국 유학 중 화폐의 유용함을 깨달아 귀국 후에 화폐 사용을 건의했습니다.

일들을 막을 수 있다는 거지요. 또 국가에서 세금을 걷을 때에도 유리해요.
곡식과 베로 세금을 걷을 때는 흉년이 들거나 운반할 때 사고가 나면
필요한 물건이 부족해 질 수 있는데 동전을 사용하면 그럴 염려가 없어요.
나라 살림을 보다 안정적으로 꾸릴 수 있는 거지요.

화폐를 유통시키기 위한 노력들

숙종 임금은 의천의 건의를 받아들여 화폐를 발행하면서 화폐 주조를 담당하는
관청도 설치했습니다. 먼저 우리나라 땅 모양을 본뜬 은병을 만들었어요.
그런데 은병은 하나의 가치가 너무 컸어요. 은병 한 개가 베로는 100필, 쌀로는
15~16섬이나 되었거든요. 그래서 소액 거래에 쓰도록 동전인 해동통보를
주조했고, 이후에도 해동중보, 삼한통보, 삼한중보 등 여러 종류의 동전을
주조했습니다. 동전을 널리 유통시키기 위해 관리들 급료를 동전으로

화폐를 사용하면,
무거운 쌀이나 베를 가지고
다니며 장을 볼 때보다
훨씬 편리했어요.

지급하고, 개성 시내 음식점에서는 쌀과 베 대신 의무적으로 동전을 사용하게 했어요. 그런데도 민간에서는 여전히 동전보다 쌀과 베가 더 널리 쓰였답니다. 고려 말에는 순은 덩어리를 일정한 형태로 만든 쇄은이 화폐로 사용되기도 했어요. 금액이 작을 때에는 필요한 양만큼 떼어서 사용했지요. 하지만 쇄은도 결국에는 동을 섞은 불량품이 많아져 제 기능을 못 하고 사라졌습니다.

화폐의 종류
물품 화폐: 실제 생활에 쓰이는 물건이 화폐의 역할을 하는 거예요.
칭량 화폐: 금·은이나 철은 무게에 따라 가치를 인정받아요.
명목 화폐: 화폐 자체의 가치와는 상관없이 표시된 금액이 인정되는 화폐예요.

제대로 쓰이지 못한 종이돈

조선 시대에도 백성들은 여전히 천을 화폐로 사용했어요. 목화가 널리 퍼진 15세기 이전에는 베가, 그 이후에는 무명이 화폐로 쓰였어요. 조선 초기에는 '저화'라고 해서 우리나라 최초로 지폐를 발행했어요. 이어서 동전으로 조선통보도 발행했고요. 그런데 나라에서는 저화를 발행만 해 놓았지 유통시키는 정책은 제대로 시행하지 않았어요. 심지어는 나라 물건을 팔거나 세금을 거둘 때 저화를 받지 않고 곡식으로 받기도 했고요. 물품 화폐에 익숙해진 백성들은 먹지도 못하고 입지도 못하는 종이돈이 도대체 무슨 소용이냐며 저화 사용을 꺼렸습니다. 나라에서도 결국 저화 사용을 포기할 수밖에 없었어요.

상업 발달과 활발한 화폐 사용

숙종 때인 1678년 새롭게 상평통보를 발행하고 적극적으로 유통 정책을
펼쳤어요. 상평통보로 관리들 급료를 지급하고, 세금도 걷었어요. 때마침
조선 후기에는 상업도 본격적으로 발달하기 시작했어요.
이런 조건들이 잘 맞아떨어져 상평통보는 성공적으로
유통되었고, 활발한 화폐 유통은 다시 상업을
촉진하는 역할을 했어요. 상평통보가 널리 쓰이자
나라에서는 지방 관청이나 군대에까지 동전을 만드는
관청인 '주전소'를 설치하고 상평통보를 더욱 활발하게
유통시켰습니다.

상평통보

'엽전'이란 말은 왜 생겼을까

상평통보를 만들 때는 한 번에 많이 만들기 위해 나뭇가지의 원리를 이용했어요.
상평통보의 거푸집(형틀)을 만들 때 동전 모양끼리 서로 연결되도록 골을 파고 쇳물을
부어요. 이것이 굳으면 하나씩 떼어 내어 다듬어 주는데, 떼어 내기 전의 모습이 마치
나뭇가지에 매달린 이파리 같았어요. 그래서 나뭇잎 돈이라는 뜻으로 '엽전'이라고
부르게 된 거랍니다.

당백전은 동전
한 개가 상평통보
100개에 해당하는
고액 화폐였지요.

경제 혼란을 부른 당백전

조선 말기 흥선 대원군은 경복궁 재건에 필요한 비용을 조달하고
부족한 국가 재정을 메우기 위해 당백전을 발행했어요. 그런데
너무 많이 발행하는 바람에 당백전의 가치는 날로 떨어졌고,
물가가 엄청나게 뛰어오르는 부작용을 일으키고 말았어요. 결국
나라에서는 몇 년 되지 않아 당백전 사용을 금지했습니다.

조선 시대의 기념 화폐, 별전

별전은 상평통보를 본격적으로 제작하기 전에 먼저 원료인 구리의
질과 무게 등을 시험해 보기 위해 만든 화폐예요.
별전을 만들 때는 기하학적인 문양이나 동식물 문양을 새겨 멋을
부렸어요. 부채나 실패 모양처럼 특이한 형태도 있고요. 왕실이나
사대부 집에서는 이 별전을 패물처럼 사용했지요.

근대 화폐 제도 도입

개항 이후 우리나라를 찾는 외국인들이 점차 늘어났는데,
이 중에는 상인들도 많았어요. 외국의 영향을 받으면서
우리나라에도 근대 화폐 제도가 필요하다는 것을
절감하였지요. 1883년 새로이 관청을 설치하고 신식
화폐를 발행하고자 했지만 우리나라는 화폐에 대한 경험이
부족했고, 기술도 없었어요.

대동은전은 1882년 발행된 최초의 신식 화폐예요. 서양의 은화에서
영향을 받아 가운데 구멍을 없애고 서양식으로 만들었어요.

그래서 외국 자본과 기술에 의존할 수밖에 없었지요. 그 결과 주변 강대국들의 영향에 따라 화폐 제도가 오락가락하는 결과를 낳고 말았습니다. 1909년에는 우리나라 최초의 중앙은행인 한국은행이 설립되었다가 일제 강점 직후 조선 총독부 아래 조선은행으로 바뀌어 화폐 발행 업무를 맡았습니다.

일제 강점기에 중앙은행으로 설립된 조선은행은 해방 후 한국은행으로 다시 열었어요. 옛날에는 화폐 발행권을 왕이 가졌지만 오늘날은 중앙은행이 화폐 발행권을 가지고 통화 정책을 결정합니다.

발전해 온 조폐 기술

해방 이후 중앙은행으로 한국은행을 설립하고 새로운 화폐를 발행하기 시작했어요. 한때 화폐 단위가 환으로 바뀌었다가 다시 원으로 바뀌기도 했고 화폐 모양이 여러 차례 바뀌었어요.

초기에는 기술이 뒤떨어져 외국에 가서 화폐를 제작해 오기도 했어요.
화폐는 위조를 방지하기 위해 문양도 굉장히 섬세하게 그리고 인쇄도
정밀해야 하기 때문에, 최첨단 인쇄 기술이 필요하거든요. 하지만 지금은
우리나라에서 쓰는 화폐는 물론 외국의 화폐까지 만들어 수출할 정도로
기술이 발전했답니다.

1886년에 경성 전환국에서 만든 1원짜리 동전

일제 강점기 조선은행에서 발행한 화폐. 이 지폐에는
일본 정부의 휘장인 오동나무 문양이 새겨져 있어요.

1911년 발행된 10원짜리 한국은행 지폐

해방 이후 새롭게 설립된 한국은행에서 1958년
발행한 50환짜리 지폐

우리나라에서 사용되는 화폐는 한국은행에서 발행하고
한국 조폐 공사에서 제작하고 있어요.

옛날에는 먼 곳까지 어떻게 다녔을까

가장 오래된 교통수단은 걷기

사람들은 아주 오래전부터 서로 교류를 하며 살았어요. 씨족을 이루어
한곳에 머물러 살던 신석기 시대 사람들은 다른 씨족과 물물 교환을 통해
필요한 것들을 구했어요. 때로는 먼 곳까지 찾아가기도 했지요. 처음에는
별다른 교통수단은 없었고 직접 걸어 다니며 교류했습니다.

가축을 이용한 교통수단

말은 일찍이 청동기 시대부터 교통수단으로 이용되었어요. 옛 중국 기록에
고조선에서 말을 이용했다는 내용이 있고, 부여, 고구려, 동예의 말은
중국에 알려질 정도로 우수했다고 해요.

가야에서 만든 수레 모양
토기예요. 수레는 말이나
소에 연결해서 끌게 했어요.

신라에서는 말 등에 안장을
얹고 발을 걸 수 있게 등자를
달았어요. 말을 조종할 수
있도록 재갈도 물렸습니다.

철기 시대에는 말에 수레를 연결해서 끄는 마차가 등장했어요.
철기 시대 초기에 이미 말에 수레를 연결할 때 쓰는 재갈이나 멍에 같은
도구들이 만들어졌답니다. 수레를 끄는 데는 말 대신 소를 이용하기도
했어요. 고구려 고분에는 우차를 그린 벽화가 많아 당시에 수레 사용이
일반화되었음을 보여 줍니다. 이 밖에 배도 일찍부터 이용했어요.
울산 반구대의 바위그림에 배를 타고 고기잡이하는 모습이 새겨져 있어,
청동기 시대에 이미 배를 만들어
사용했음을 알 수 있습니다.

고구려 고분에 그려진 우차를 다시 그린
그림이에요. 이 우차는 가마의 일종으로 보여요.
장식이나 앞뒤에 하인들이 있는 걸로 보아 우차는
귀족들이 사용했음을 알 수 있습니다.

옛날에는 외국에 어떻게 갔을까?

우리나라는 삼한 시대에 바다를 통해 일본, 중국과 교류를 했어요.
삼국 시대 이래로 중국과 활발히 교류할 때에도 주로 뱃길을 이용했어요.
육지를 통해 중국에 가려면 만주 지역을 거쳐 멀리 돌아가야 하는 데다,
그곳에는 이민족들이 많아
위험했기 때문이에요.
우리나라에서는 예로부터 일본에
많은 문물을 전해 주었어요.
바다 건너에 있는 일본과 활발히
왕래했던 것은 배가 그만큼
발달했기 때문에 가능했던 거지요.

경주 안압지에서 출토된 이 배는 통일 신라 시대에 만들어진
것으로 길이가 6.2미터예요. 속을 판 통나무를 길게 쪼개
양쪽에 붙이고 그 사이에 판자를 연결해 바닥을 만든 것으로,
바닥이 납작한 우리나라 배의 특성이 잘 나타나 있습니다.

뱃길을 중심으로 발달한 교통

우리나라에서 배가 발달한 것은 지형 특성과 깊은 연관이 있어요. 국토의
70%가 산인 데다 곳곳에 하천이 있어서 길을 내는 데 어려움이 많았어요.
길을 내더라도 곳곳을 산이 가로막고 있어서 빙
돌아가거나 힘겹게 고갯길을 넘어야 했지요.
그래서 자연스럽게 배를 타고 물을 따라
움직이게 되었고, 걸어 다닐 때에도 물길
옆으로 다니는 경우가 많았습니다.

고려 시대 청동 거울에 새겨진 무역선이에요.
고려의 배는 대체로 70~80명을 태울 수 있는 규모였어요.

조세를 운반하는 데 이용된 배

옛날에는 일반 사람들이 먼 곳을 여행하는 일은 드물었어요. 대개 공무를 위해 지방에 가거나 물자를 나르는 경우였지요. 물자를 나를 때, 특히 많은 짐을 한꺼번에 운반하는 데에는 배가 유리했어요.

옛날에는 세금을 곡식이나 옷감, 특산물 등으로 거두었기 때문에 양이 무척 많았어요. 그래서 강가나 바닷가에 창고를 설치하고 이것들을 보관했다가, 배에 싣고 강물이나 바닷길을 따라 수도까지 운반했답니다.

조선 시대 조세를 운반하던 조운선의 모형이에요.

물을 건너 길을 이어 주는 나루터

우리나라는 곳곳에 하천이 있어서 길을 가다 보면 으레 물을 건너야 했어요. 물을 만나면 얕은 곳은 바지를 걷고 건너고, 깊은 곳은 배를 타고 건넜어요. 길을 이어 주는 강가에는 나루터가 있게 마련이었고, 이곳을 통해 길이 계속 연결되도록 했습니다. 조선 시대에는 한강에 있는 나루터 중에서 중요한 길목에는 군사들을 주둔시키는 '진'을 설치했어요. 노량진이나 양화진은 바로 그런 곳들이랍니다.

김홍도의 〈나룻배〉

도로는 통신 시설이자 교통 시설

김홍도가 그린 〈주막〉. 상업 발달로 사람들 왕래가 잦아지면서 장터나 교통 중심지에는 주막이 들어섰어요.

배를 이용한 물길에 비하면 육상 교통은 그다지 발달하지 못했어요. 국가에서 도로를 정비했다는 기록은 삼국 시대부터 보여요. 신라에서 전국의 도로를 수리하고 역참제를 실시한 것이 그것이지요. 역참제는 중앙의 명령을 지방에까지 신속히 전달하기 위한 통신 체계예요. 전국 주요 지역에 역을 설치하고 병사와 말을 두어 소식을 전하도록 한 것이죠. 옛날에는 사람이 직접 문서를 들고 가 전달할 수밖에 없었기 때문에 통신 체계가 곧 교통 체계이기도 했어요. 신라에 이어 고려에서도 역참제를 실시하면서 수도와 전국의 도시들을 연결하는 22개 도로를 정비했고, 조선에서는 도로망이 더욱 늘어나 40개 도로가 정비되었습니다.

상업 발달과 함께 확대된 도로망

도로는 조선 후기 들어 상업이 발달하면서 확대되기 시작했어요. 보부상들은 상품을 직접 짊어지고 전국을 돌아다니거나 말, 소에 짐을 실어 운반하기도 했어요. 이 과정에서 기존의 도로들은 더욱 커지고, 없던 길이 새로 만들어지기도 했지요. 도로망이 확대되자 물자 수송이 더 쉬워져 상업은 더욱 활발해졌습니다.

조선 시대 한양의 도로망을 나타낸 지도예요.

양반들만 탈 수 있었던 가마

조선 시대까지는 걷는 것이 가장 일반적인 교통수단이었어요. 먼 길 떠나는 나그네는 괴나리봇짐에 짚신을 여러 켤레 매달고 다니곤 했지요. 양반들은 가마를 타고 다녔어요. 우리나라에서 언제부터 가마를 탔는지 정확하지는 않지만 고구려 벽화에 이미 가마 그림이 보인답니다. 가마는 신분에 따라 탈 수 있는 종류가 다 달랐습니다.

우아! 나도 가마 타고 싶어!

나도, 나도!

네 명이 가마를 메는 사인교는 양반들 중에서도 판서(지금의 장관에 해당하는 관직) 이상만 탈 수 있었어요.

외바퀴 위에 의자를 연결한 초헌은 종2품 이상의 관리들이 탔어요.

김홍도가 그린 〈장터길〉이에요. 사람들은 보통 조랑말이나 나귀를 타고 다녔어요. 말은 개화기에 자동차가 등장할 때까지 가장 널리 애용되었던 탈것이에요.

전차는 언제부터 탔을까?

개화기 이후 서구의 발달된 과학 문명이 들어오면서 교통에서도 일대
변화가 일어났어요. 많은 사람이 한꺼번에 탈 수 있고 속도도 빠른 신식
운송 수단들이 속속 선을 보였어요. 맨 먼저 등장한 것은 전기의 힘으로
달리는 전차였어요. 우리나라에 전기가 가설된 것은 1887년 말, 경복궁
뜰에 전등 두 개를 켠 것이 최초였지요. 그리고 1899년, 전기 회사에서
전차를 운행하기 시작했어요. 최초로 운행된 전차는 승객 40명을 태울
수 있는 것으로 서대문에서 청량리까지 8km 구간을 다녔어요. 전차는
근대화의 상징으로 각광을 받으며 크게 인기를 끌었어요. 첫 전차가 크게
인기를 끌자 곧이어 용산-남대문-종로를 연결하는 노선과 남대문-
서대문을 잇는 노선도 운행되었습니다.

개화기에 전차가 운행되자
사람들은 무척 신기해하며
너도나도 타 보려고 했어요.
전차를 타 보려고 지방에서
올라오는 사람들까지 있었다고
해요.

우리나라 최초의 철도

전차에 이어 기차도 곧 운행되었어요. 우리나라 최초의 철도 노선은
1899년에 설치된 경인선으로, 제물포(인천)에서 노량진까지 다녔지요.
기차가 운행됨으로써 서울에서 인천까지 한 시간이면 갈 수 있게
되었답니다. 경인선 철도에 이어 1905년에는 남대문에서 부산 초량까지
총연장 445km인 경부선이 개통되었습니다.

우리나라에서 맨 처음 운행되었던 기차예요. 처음
기차를 본 사람들은 쇠로 만든 말이 달린다며
놀라워했다고 해요. 그래서 기차를 철마라고 불렀어요.

경인선이 개통된 이듬해 한강 철교가 건설되어 서대문까지
노선이 연장되었어요. 한강 철교는 당시에 우리나라에서
가장 큰 다리이자 유일한 철제 다리였습니다.

최초의 자동차는 황제 전용

개화기에는 자동차도 들어왔어요. 우리나라 최초의 자동차는 1903년
들어온 고종 황제의 전용 승용차였고, 이후 상류층에서 차츰 타기
시작했습니다.

창덕궁 어차고 안에는 순종 황제가 타던
승용차가 보관되어 있어요. 자동차는
당시로서는 신비의 대상이었어요. 빠르고
편하다는 장점과 함께 왕실의 위엄을
상징했답니다.

영업용 승용차는 1912년부터 운행되기 시작했어요. 한 시간을 타는 데 쌀 반 가마니 값에 해당하는 5원을 받았다니 정말 비쌌지요. 그리고 지금 우리가 쓰는 택시라는 말은 1920년대부터 사용했습니다.

개화기에 등장한 탈것 중에는 인력거도 있었어요. 두 바퀴 위에 가마 같은 것을 만들어 손님을 태운, 말 그대로 사람이 끄는 수레였어요. 인력거는 상류층 사람들이 가마 대신 많이 이용했습니다.

옛날에는 먼 곳에 어떻게 소식을 전했을까

듀듀, 뭐 해?

그게몬데 행성에 연락을 하고 있어.

인터넷이나 전화로 하면 안 돼?

너무 멀어서 그런 게 안 통해.

뭔가 방법이 있지 않을까? 전화랑 인터넷이 없던 옛날에도 연락은 주고받았을 거 아냐?

흠, 듣고 보니 맞는 말이네.

아하!

예전에는 불을 피워서 불빛이나 연기로 소식을 전한 봉화가 있었어.

제발 이 방법이 통했으면 좋겠다!

두슈~~

북소리로 신호 보내기

아주 먼 옛날에는 멀리 떨어진 곳에 연락할 때 북소리를 내거나 연기를
피워 올리는 방법을 사용했어요. 이 통신법은 미리 정해 놓은 신호에 따라
연락했기 때문에 "적군이 쳐들어온다!" 같은 아주 간단한 내용만 전할 수
있었어요.

낙랑 공주와 호동 왕자 이야기에 '자명고'라는 북이 나와요. 자명고는
적이 쳐들어오면 저절로 울린다는 북이에요. 자명고가 진짜 있었는지는
모르지만, 나라에 급박한 일이 발생했을 때 신속하게 소식을 전하기 위한
낙랑의 통신 수단이 있었을 거라고 유추할 수 있어요.

먼 곳에 신호를 보내는 봉수

통신 수단이 발달하기 전에 먼 곳에 연락하던 방법으로는 봉수가 가장
대표적이었어요. 봉수는 삼국 시대 초기에 이미 이용했던 흔적이 발견되고

있어요. 하지만 봉수제가 정식으로 기록에 나타난 것은 고려 중기로, 외적의 침입이 잦아지자 봉수제를 정비해 국방에 활용했다는 내용이 보인답니다. 외적이 쳐들어왔을 때 봉수를 이용해 알렸던 거예요. 조선 시대에는 봉수에 대한 자세한 규정이 만들어졌습니다.

남산에 있는 봉수대예요. 봉수에서 봉은 횃불, 수는 연기를 말해요. 낮에는 연기를 피우고 밤에는 횃불을 밝혀 신호를 보냈어요.

조선 시대 봉수망을 보여 주는 〈해동팔도봉화산악지도〉예요. 조선 시대에는 다섯 개의 주요 봉수로가 있었고, 이 길을 따라 서울까지 신호가 전해졌어요.

일정한 길을 따라 전해진 봉수

봉수로 연락을 취하기 위해서는 미리 일정한 장소에 봉수대를 만들고 사람을 배치해 두어야 해요. 봉수대는 전국에 630개 정도가 있었는데, 20리에서 40리 정도 간격을 두고 주변에서 잘 보이는 산봉우리에 설치했어요.

변방에서 출발한 봉수가 서울까지 닿는 데는 열두 시간 정도가 걸렸습니다. 봉수는 빠르기는 했지만 수많은 봉수 자리를 늘 사람이 지키고 있어야 했어요. 구름이 끼거나 바람이 부는 날은 연락하기가 힘들었지요. 그리고 어느 방향에서 일이 생겼는지만 알 뿐, 자세한 내용은 알 수 없었어요. 이런 단점들 때문에 봉수제는 점점 효과를 잃게 되었습니다.

봉수의 신호 방법

봉수로 신호를 보낼 때는 미리 정해 놓은 방법에 따랐어요. 별일이 없을 때는 하루에 한 번 정해진 시간에 횃불 하나를 올려 무사함을 전했지요. 그 외의 시간에 봉화가 오르는 것은 전쟁이 일어났다는 신호예요. 일단 적군이 나타나면 횃불을 두 개 올리고, 국경 가까이까지 다가오면 세 개를 올렸어요. 그리고 적군이 국경을 넘어오면 넷, 우리 편과 싸움이 벌어지면 다섯 개를 올렸지요.

중앙과 지방 사이 연락을 위한 역참제

봉수처럼 신호를 정해 놓고 연락을 하는 방법도 있지만, 그래도 자세한 내용은 사람이 직접 가서 전하는 수밖에 없었어요. 국가가 성립된 이후에는 체계적인 통치를 위해 중앙의 명령을 신속히 지방에 전할 필요가 있었지요. 신라는 소지왕 때인 5세기부터 역참제를 실시했어요. 역참은 중앙의 명령을 전하러 지방에 가는 관리들을 위해 도로 곳곳에 설치한 시설이에요. 관리들은 이곳에서 잠을 자거나 쉬고, 말을 갈아타기도 했어요. 이때 사용된 '역'이라는 말은 지금까지도 쓰이고 있지요.

마패는 말을 이용할 수 있는 증표

고려는 신라의 역참제를 이어받아 한층 발전시켜 나갔어요. 도로와 역을 크게 확장하고, 공문서를 보낼 때에는 일의 급한 정도에 따라 등급을 나누어 속도를 조절했지요. 고려 후기에는 역참제를 더욱 엄격하게 통제하기 위해 마패 제도를 실시했어요. 나라에서 필요한 사람에게 증표를 발급하고, 이것을 가진 사람만 역에 있는 말을 이용할 수 있게 한 거지요. 마패 제도는 조선 시대에도 그대로 이어졌습니다. 마패는 흔히 암행어사의 상징으로 알려져 있어요. 암행어사는 왕의 명령을 받아 출장을 가는 관리였으니 당연히 마패를 지급받은 거지요. 마패는 역에서 말을 쓰는 것은 물론, 그 지방의 포졸을 동원할 수 있는 증명서인 동시에 신분을 밝혀 주는 신분증이기도 했습니다.

마패 뒷면에는 사용할 수 있는 말의 수만큼 한 마리에서 다섯 마리까지 말 그림으로 새겼어요.

204

봉수제와 역참제를 보완한 파발제

역참이 임진왜란을 거치며 거의 마비 상태에 빠지자 복구할 필요성이
제기되었어요. 봉수제의 단점을 보완하기 위한 논의도 있었고요. 이런
과정을 거쳐 조선 후기부터는 파발제가 실시되었어요. 파발은 중앙과 변방
지역 사이에 연락을 주고 받아야 할 때 주로 이용되었어요. 그래서 서북쪽
의주, 동북쪽 경흥, 남쪽의 동래에서 서울로 이어지는 세 길이 중심이
되었지요. 파발에는 사람이 직접 뛰어가는 보발과 말을 타고 달리는 기발이
있었어요. 역참에 있던 사람이 다음 역참까지 달려가 문서를 전달하거나
문서를 가진 사람이 역참에서 말을 갈아타는 방식이었지요.
파발은 군사용 통신 수단으로서 기존에 있던 역참제와 병행되어 실시된
거지요.

역참제를 이은 근대 우편 제도

개화기 이후 역참 제도는 근대 우편 제도로 새롭게 바뀌었어요. 역참제는
국가 업무에 사용되던 시설이라 개인적으로 소식을 전할 때는 따로 사람을
보내야만 했지요.
우편 제도는 일반 국민 누구나 요금만 지불하면 이용할 수 있었습니다.
우리나라에서 처음으로 우편 업무가 시작된 것은 1884년이에요. 개화파
홍영식이 미국과 일본을 돌아보고 온 뒤 정부에 건의하여 실시되었지요.
우편 업무를 담당하는 관청으로는 우정총국과 인천 분국이 창설되었어요.
우정총국에서는 우표도 다섯 종 발행했는데, 처음에는 우표를 우초(우편
초표)라고 했어요.

그런데 우편 업무가 시작된 지 얼마 되지 않아 열린 우정국 개국 기념
만찬회에서 개화파가 갑신정변을 일으켰어요. 하지만 갑신정변은 3일 만에
실패로 끝나고 우편 업무는 곧 중단되고 말았어요. 우정총국에서 발행한
우표는 제대로 사용되지 못한 채 사라지고 말았습니다.

1884년에 우정총국에서 발행한
우리나라 최초의 우표들이에요.

우리나라 최초로 우편 업무를 담당하던 우정총국이에요.
서울 견지동에 있는데, 지금은 기념관으로 쓰이고 있습니다.

우체부의 등장

중단되었던 우편 제도는 1895년에 다시 시작되었고, 1900년에는 만국 우편
연합에 정식 가입하여 외국 우편도 시작하게 되었습니다. 우체부가 등장한

것도 1895년 우편 업무가 재개된 때부터예요. 개화기에 쓰인 소설에 나타난 우체부의 모습을 보면 '벙거지를 쓰고 까만 홀태바지와 저고리를 입고 가죽 주머니를 메고' 다녔다고 해요. 그래서 처음에는 우체부를 벙거지꾼이라고 부르기도 했답니다. 우체부는 또 우편 군사, 체전부 등으로 불리기도 했고, 때로는 체대감이라는 존칭으로도 불렸다는군요.

초창기 우체부 모습

무소식이 희소식

옛날에는 개인적인 일로 소식을 띄우는 일이 드물었어요. 지나는 인편에 안부를 전해 듣는 정도였지요. 대갓집에서는 하인을 시켜 연락을 취하기도 했지만 그 속도는 느릴 수밖에 없었고, 그나마 일반 백성들은 엄두도 낼 수 없었어요. 그래서 어지간히 급한 일이 아니면 연락을 하지 않았고, 소식이 없으면 그저 잘 지내려니 했답니다. 게다가 일제는 한때 통신 시설을 군용으로만 쓰면서 웬만큼 급한 일이 아니면 일반인이 이용할 수 없게 했어요. 그래서 사람들은 전보가 오면 불길한 소식인 줄 알고 가슴이 덜컥했다고 해요. '무소식이 희소식'이란 말은 이런 사정 때문에 생긴 거지요.

천 리 사이에 소식을 전하는 전신

개화기에는 전신이라는 새로운 통신 수단도 등장했어요. 전신은 선만 연결하면 아무리 먼 곳이라도 순간에 소식을 전할 수 있는 획기적인 방법이었어요. 우리나라에서는 1885년 서울과 인천 사이에 처음으로

전신이 설치되었고, 1888년에는 서울과 부산 간에도 전신 시설이
설치되었습니다. 전신이 통하면서 급한 일은 전보를 쳐서 알릴 수 있게
되었어요. 당시에는 전신과 관련한 일이 최고의 지식 산업에 속하는
일이었어요. 그래서 전보를 치는 사람도 엄격한 시험을 거쳐 선발했고,
다시 몇 년간 공부를 하고 나서야 비로소 전보 치는 업무를 볼 수 있었어요.

전화로 칙령을 내린 고종 임금

멀리 있는 사람과 목소리로 직접 이야기할 수 있는 전화도 곧 도입되었어요.
우리나라에 처음 개통된 전화는 1896년 서울과 인천 사이에 가설된 것으로,
궁궐 안에 행정용 전화 열 대가 설치되었지요. 고종은 신문물인 전화를
무척 애용했다고 해요. 혼란한 정국에는 다른 사람을 믿기 어려웠던지라
전화로 직접 칙령을 내리기도 했다는군요. 고종이 전화를 걸면 신하들은
전화기에 대고 세 번 절을 한 뒤 공손하게 무릎을 꿇고 전화를
받았다고 해요. 전화는 처음에 '덕률풍'이나 '다리풍'으로
불리기도 했어요. 전화라는 뜻의 영어인
'텔레폰'을 한자로 적은 거지요.

개화기에 사용하던 전신기. 전신은 전달
내용을 일정한 부호로 바꿔 보내면 그것을
다시 문자로 풀어내는 통신 방법이에요.

전화 교환기 모습이에요. 초창기의
전화는 먼저 교환수와 연결된 다음,
교환수가 다시 다른 전화와 연결시켜서
통화하는 방식이었답니다.

시외용부터 개통된 전화

일반인들이 사용하는 전화는 1902년 3월에 서울과 인천 사이에 처음
설치되었어요. 시내 전화보다 시외 전화가 먼저 개통되었지요. 초창기에
전화는 사람들에게 별로 호응을 얻지 못했어요. 전화통을 들고 남과 대화를
한다는 것도 어색했고, 전화로 어른을 바꿔 달라고 하는 것은 대단히
버릇없는 일이라고 생각했지요.
사실 당시 생활에서는 전화가 그다지 필요하지도 않았고, 전화를 들여놓을
정도로 부유한 집안이라면 하인을 보내 연락하면 되었어요. 전화는 주로
멀리에 소식을 전할 때에만 이용했지요. 그래서 시외 전화부터 개통된
것이랍니다.

전화는 왜 건다고 할까?

우리는 전화를 사용할 때 '건다', '끊는다'고 해요. 이것은 초기 사용법에서 온 말이에요.
당시에는 전화 통화를 하려면 교환수를 거쳐야 했는데, 수화기를 고리에 걸고 손잡이를
돌리면 교환수와 연결이 되었지요. 그래서 '전화를 건다'고 했는데, 그때 사용하던 표현이
지금까지 그대로 쓰이는 거예요. 물론 그때의 전화기에는 상대방 번호를 직접 누를 수
있는 장치가 없었답니다.

전화를 걸려면 이렇게
수화기를 걸고 옆에
있는 손잡이를
돌려 교환수를 찾아야
했어.

네, 어디로
연결해 드릴까요?

지구에서 그게몬데 별로!

사진 출처

8 이음 낚시 바늘과 그물추_국립중앙박물관, 메주_게티이미지코리아   9 시루_국립광주박물관
10 배 모양 토기_국립중앙박물관, 청동 솥_국립중앙박물관   11 조영석 〈채유〉_공유마당   12 청자 다기_게티이미지코리아
14 〈회혼례첩〉_국립중앙박물관   16 청동 초두_국립중앙박물관, 국자_국립민속박물관   17 맷돌_게티이미지코리아, 국수틀_국립민속박물관
20 송편, 수리떡, 제호탕_게티이미지코리아   21 신윤복 〈단오풍정〉_공유마당   23 오곡밥_게티이미지코리아   24 팥죽_게티이미지코리아
28 동치미, 말린 고추_게티이미지코리아   29 총각김치, 오이소박이, 섞박지, 백김치_게티이미지코리아   30 새우젓_게티이미지코리아
32 밭_게티이미지코리아   33 옹기_국립민속박물관   34 김치광_게티이미지코리아
38 〈수렵도〉_국립중앙박물관, 복두를 쓴 남자 토우_국립경주박물관   39 〈양직공도〉, 이제현 초상화_게티이미지코리아
41 반회장 저고리, 삼회장 저고리_국립민속박물관   42 신윤복 〈월하정인〉_공유마당, 패랭이_국립전주박물관
43 두루마기_국립민속박물관, 고종 황제_국립고궁박물관   44 마고자_국립고궁박물관   48 누에고치_게티이미지코리아
50 목화 송이_게티이미지코리아   51 삼실_국립민속박물관   53 실꾸리와 북_국립민속박물관   55 실패, 골무_국립민속박물관
56 가위_국립중앙박물관, 김홍도 〈빨래터〉_공유마당   57 다듬잇돌과 방망이, 인두_국립민속박물관, 다리미_창원역사민속관
59 신발 모양 토기_삼성미술관리움, 짚신 모양 토기_복천박물관   60 못신_국립중앙박물관, 혜_국립민속박물관, 화_창원시립마산박물관
62 태사혜, 당혜_국립민속박물관   63 짚신, 미투리, 진신_국립민속박물관   64 나막신, 둥구니신_국립민속박물관, 설피_삼척시립박물관
65 고무신_국립민속박물관   69 동제 은상감 대야_국립중앙박물관   70 백자 청화 꽃무늬 분수기_국립중앙박물관, 분통_삼척시립미술관
72 박가분 갑_국립민속박물관   73 선사 시대 장신구_부산광역시립박물관   74 반지_국립민속박물관, 귀걸이_국립중앙박물관
75 장도, 삼작노리개_국립민속박물관   76 비녀_국립민속박물관, 트레머리_게티이미지코리아   77 쪽 찐 머리_게티이미지코리아
80 신석기 시대 집터_게티이미지코리아   81 초가집_게티이미지코리아   82 신라 기와지붕 토기, 도깨비 기와_국립중앙박물관
83 고구려 집 모양 토기_국립중앙박물관, 가야 집 모양 토기_복천박물관   84 고려 구리 거울_국립중앙박물관   86 사랑방_게티이미지코리아
87 안방, 부엌_게티이미지코리아   89 부석사 무량수전_게티이미지코리아   91 김홍도 〈기와 이기〉_공유마당   96 화로_국립민속박물관
98 원두막_게티이미지코리아   99 대청, 누마루_게티이미지코리아   101 제주도 초가집, 우데기집, 너와집_게티이미지코리아
104 뒤지개_국립공주박물관   106 철기 시대 쇠낫_국립중앙박물관, 김제 벽골제_게티이미지코리아   107 소_게티이미지코리아
108 계단식 논_게티이미지코리아   109 측우기_게티이미지코리아   111 거름지게_경상북도산림과학박물관   113 모내기_게티이미지코리아
115 김홍도 〈논갈이〉_공유마당   116 따비, 괭이, 가래_국립민속박물관   117 써래_국립민속박물관, 종다래끼_국립산악박물관
118 모 찌기_게티이미지코리아   120 호미, 용두레_국립민속박물관   121 장군_국립민속박물관, 낫_국립중앙박물관
122 김홍도 〈벼 타작〉_공유마당, 개상_상주박물관, 도리깨_국립민속박물관   123 풍구_부산광역시립박물관
124 섬, 절구_국립민속박물관, 물레방아_게티이미지코리아   128 신라 시대 토우_국립중앙박물관   129 비단 족두리_국립고궁박물관
130 청사초롱_국립민속박물관   132 혼례식 사진_국립민속박물관   133 김홍도 〈신행길〉_공유마당   134 함_국립민속박물관
135 교배상_게티이미지코리아, 〈회혼례첩〉_국립중앙박물관   140 돌널무덤_게티이미지코리아
141 무덤 속 토우 장식_국립중앙박물관, 장군총_게티이미지코리아   142 초분_게티이미지코리아
143 뼈단지_국립중앙박물관, 사당_게티이미지코리아   145 위패_국립민속박물관   147 제사상_게티이미지코리아, 칠성판_국립민속박물관
148 삼베옷_게티이미지코리아   149 꽃상여_국립민속박물관   150 관 내려놓기_게티이미지코리아   154 최치원 초상화_국립중앙박물관
155 〈논어〉, 〈맹자〉_국립제주박물관   156 과거 시험 답안지_국립전주박물관   157 김홍도 〈서당도〉_공유마당   158 〈동몽선습〉_국립민속박물관
160 〈왕세자입학도〉_국립고궁박물관   162 〈산학계몽〉_국립민속박물관   164 이화 학당 수업 모습_문화콘텐츠닷컴
165 벼루, 먹_국립민속박물관   166 필가_삼척시립박물관   167 필갑_국립민속박물관   173 〈행상〉_공유마당
174 〈장터〉_게티이미지코리아   175 〈객주〉_함부르크민족학박물관   177 오명현 〈독 나르기〉_국립중앙박물관
178 산가지_국립민속박물관, 주판_게티이미지코리아   179 되, 말, 저울_국립민속박물관   182 조개 화폐, 명도전_국립중앙박물관
183 건원중보_국립중앙박물관, 의천 초상화_문화재청   186 상평통보_부산광역시립박물관
187 당백전_국립중앙박물관, 별전_국립민속박물관, 대동은전_화폐박물관   188 조선은행_국립민속박물관
189 1원_화폐박물관, 10원_국립중앙박물관, 조선은행 화폐, 50환, 1,000원 지폐_국립민속박물관
192 수레 바퀴 모양 토기, 기마 인물형 토기_국립중앙박물관   193 신라 시대 배_게티이미지코리아, 황비창천팔릉형경_국립중앙박물관
194 조선 시대 조운선_게티이미지코리아, 김홍도 〈나룻배〉_공유마당   195 김홍도 〈주막〉_공유마당, 서울전도_국립중앙박물관
196 김홍도 〈장터길〉_공유마당, 초헌_국립민속박물관   197 개화기 전차_게티이미지코리아
198 최초의 기차_게티이미지코리아, 한강 철교_국립중앙박물관, 순종 황제의 차_국립고궁박물관
202 해동팔도봉화산악지도_고려대학교 중앙도서관, 봉수대_게티이미지코리아   204 마패_국립중앙박물관
206 우리나라 최초의 우표, 우정총국_게티이미지코리아   207 개화기 우체부_게티이미지코리아
208 전신 유선 수신기_대한민국역사박물관, 전화 교환기_국립민속박물관